Şeyda Kurt

HASS

Von der Macht eines widerständigen Gefühls

HarperCollins

Der Verlag hat sich bemüht, alle Inhaber der Bildrechte ausfindig zu machen.
Berechtigte Ansprüche bitten wir, beim Verlag geltend zu machen.

1. Auflage 2023
Originalausgabe

Gesetzt aus der Chaparral Pro
von Pinkuin Satz und Datentechnik, Berlin
Druck und Bindung von CPI books GmbH, Leck
Printed in Germany
ISBN 978-3-365-00158-5
www.harpercollins.de

Klimaneutral
Druckprodukt
ClimatePartner.com/15109-2009-1001

MIX
Papier
FSC® C083411

INHALT

PROLOG

Mama sagt, ich hab zu viel Hass,
zu viel Hass in meinem Herz
Aber werf lieber den ersten Stein
ich duck mich nicht,
Nerven lange tot, aber ich leb

– Apsilon, »Ich Leb«

Dieses Buch setzt dort an, wo das Unbehagen nicht mehr schlicht rumort. Es malmt, es grollt. Aus dem trüben Hintergrundrauschen des Unbehagens bricht ein rohes, klares Geräusch hervor, es drückt auf meine Ohren. Ein Dröhnen, ein Zucken, ein Staunen, ich halte die Luft an. Das ist der Hass. Ich erkenne ihn. Er brüllt von den Straßen und flüstert manchmal in gutbürgerlicher Feindseligkeit seine Zustimmung, wenn Menschen an europäischen Außengrenzen verenden, leise, ganz leise. Ich habe den Hass in dem Geschrei und in den Augen meiner Eltern flackern sehen. Ich entdecke ihn in den Drohbotschaften, die in meinem Posteingang lauern. Und er brodelt in den Rachefantasien, die mich nach dem Lesen begleiten. Ich habe selbst gehasst, ich hasse. Ich atme aus. Der Hass, ich kenne ihn.

Im Sommer 2021 sitze ich vor dem Computer. Zwei Dutzend Gesichter mustern mich vom Bildschirm, Zoom. Die Studierenden einer westdeutschen Kleinstadt haben mich zu einer Online-Lesung meines ersten Buchs eingeladen. Ich erzähle ausgiebig von Zärtlichkeit als politischer Praxis, von einer radikal zärtlichen Gesellschaft, in der sich die politischen Verhältnisse – die Verhältnisse des Lebens, des Wohnens und des Arbeitens – in einer Weise gestalten müssen, dass alle Menschen über die Ressourcen verfügen, sich einander zuzuwenden, ihre Beziehungsweisen zu politisieren, sich in ihrer Abhängigkeit anzuerkennen. Und diese Abhängigkeit bejahend und produktiv zu gestalten. Das ist meine Vision: eine radikal zärtliche Gesellschaft, ach was, eine radikal zärtliche Weltordnung! Frei von Patriarchat, Kapitalismus, Imperialismus und anderen Unterdrückungssystemen, in denen Menschen sich als herrschende und beherrschte Körper begegnen.

Auf meine Lesung folgt eine Fragerunde aus dem virtuellen Publikum, und aus einem Pixelgesicht segeln mir diese Worte entgegen: »Wenn wir für eine zärtliche Gesellschaft sind, bedeutet das dann, dass wir auch Nazis gegenüber zärtlich sein müssen?« Ich starre auf den Bildschirm. Die Zahnräder in meinem Gehirn verkanten, es knackst, vor meinem inneren Auge steigt Dampf auf. Ich kann mich nicht entscheiden, *ağlayımmı güleyimmi*, soll ich weinen oder lachen? Sie habe das Buch übrigens gar nicht gelesen, schiebt die fragende Person hinterher. Ich wünschte, das könnte mich beruhigen. Denn in den folgenden Tagen wird es in meinem Kopf unaufhörlich dröhnen: Was zur Hölle habe ich falsch gemacht? Was für ein Buch habe ich geschrieben, dass es Menschen überhaupt auf die Idee bringt, Nazis und Zärtlichkeit in demselben Satz zu denken?

Doch in der Onlinelesung antworte ich erzwungen gefasst. Ich versuche, mir nichts von meiner Dampfwolke der Selbstzweifel anmerken zu lassen, die allmählich Richtung Magengrube zieht. Nein, wir sollten Nazis gegenüber nicht zärtlich sein, antworte ich. Denn mit Nazis gibt es keine radikal zärtliche Gesellschaft für alle. Ich sage, dass wir jeden Grund dazu haben, Faschist*innen zu hassen.

Und sie hassen müssen.

Nur wenige Monate später schreibe ich dieses Buch, ein Buch über Hass. Vielleicht will ich manche Dinge geraderücken. Vermutlich weil ich befürchte, als Herzchenhippie in Erinnerung zu bleiben. Mir graut es vor der Vorstellung, nach meinem Tod aus dem Jenseits hilflos zusehen zu müssen, wie meine Zitate aus dem Zusammenhang gerissen auf Instagram-Kacheln landen, Hashtag: #loveistheanswer.

Doch das ist nicht der einzige Grund für dieses Buch. Denn ich habe auch in vielen Gesprächen, die ich führte, und in Nachrichten, die ich erhielt, gespürt, welche Schlagkraft es entwickeln kann, politisch über Gefühle zu schreiben. Wie diese Texte Menschen in ihrem innersten Unbehagen oder Grollen abholen und mobilisieren können. Oder wie es das feministische Kollektiv LASTESIS formuliert: »Mit Gefühlen zu arbeiten ist ein subversives Geschenk an die Welt.«[1]

Doch was hält politische Gefühle eigentlich am Leben? Was nützen sie? Wem nutzen sie? Die Zärtlichkeit, das Unbehagen, das Grollen? Als Individuum in einem Kollektiv, in einer Bewegung? Welche Gefühle lähmen, welche Gefühle helfen, nicht zu erstarren, sich immer und immer weiterzubewegen auf dem Weg in eine gerechtere Gesellschaft? Wie müssen sich diese Gefühle als Taten äußern – und andersherum?

Müssen sie explodieren oder sich schleichend festsetzen?

Nun also der Hass. Auf den folgenden Seiten werde ich die Konturen seiner Form und Geschichte abtasten. Und ich werde mir widersprechen, immer und immer wieder. Denn die Geschichte und Gegenwart des Hasses ist eine Geschichte und Gegenwart der Gleichzeitigkeiten.

Es ist nämlich paradox: Einerseits ist der Hass allgegenwärtig. In den Blicken und Gesten, im Alltag und im Sprechen, Hass gedeiht in Parlamentsreden und Kinderzimmern, er fällt nicht vom Himmel und wächst nicht im Verborgenen.

Doch genau dorthin soll er kulturell verbannt werden. Denn – so allgegenwärtig er auch ist – der Hass soll und darf eigentlich nicht existieren. Die Empörung ist noch nobel angesichts der Ungerechtigkeiten der Welt, solange sie die eigene Idylle in der geerbten Eigentumswohnung nicht ins Wanken bringt. Und auch die Wut scheint manchmal in Ordnung zu sein, wenn sie augenzwinkernd, lifestylefeministisch und bloß nicht zu aggressiv daherkommt.

Aber der Hass, dieser knirschende, zersetzende, langatmige Hass, der nicht. Die Empörung schimpft sich aus, die Wut lässt sich ablassen. Der Hass bleibt.

Doch einen Schritt zurück: Woraus besteht der Hass überhaupt, was ist sein Wesen? Als »feindselige Abneigung, starkes Gefühl der Ablehnung und Feindschaft« beschreibt ihn der Duden. Ist das tatsächlich so einfach? Ist der Hass schlichter Unmut, ein schlichtes Empfinden, bloße Feindseligkeit, die sich im Grollen und Zetern äußert?

Der Hass scheint sich immer hinter deutlicheren Begriffen zu verstecken.

Ich habe bereits in meinem ersten Buch über die Enttäuschung meines Philosophiestudiums geschrieben, in dem das Revolutionärste die Jeanshose des Professors war. Jede entschiedene Meinung schien dogmatisch. In meiner Erinnerung wurde jede

Gefühlsäußerung im Seminarraum, jede Tonlage, die von dem motorisierten Gemurmel abwich, verdutzt bis angewidert beäugt, als würde der auferstandene Hegel höchstpersönlich im Seminarraum vor aller Augen sein Geschäft erledigen.

Ich will mich nicht wiederholen, ich langweile mich ja schon selbst. Es ist ja auch nicht so, als hätte ich damals rein gar nichts gelernt. Irgendetwas habe ich gelernt, irgendetwas lernt man immer! Damals habe ich die Kunst des Kategorien- und Definitionenabklopfens gelernt, wie sie in der westlichen Philosophie üblich ist. Gattung, Genus, Terminus. Das war bereits eine der Expertisen des antiken Philosophen Aristoteles: die Dinge und Zusammenhänge in der Welt beobachten, sie abgleichen und abgrenzen, kategorisieren, in verständliche Pakete und Tüten abpacken, zuschnüren. Eine Kostprobe werde ich im nächsten Kapitel geben.

Dabei bin ich immer wieder auf altbekannte Sortierschablonen gestoßen, anhand derer das Wesen der Welt erklärt werden soll: die Binaritäten, das System der Zweigliedrigkeit, über das ich auch bereits in *Radikale Zärtlichkeit* geschrieben habe. Wenn etwas nicht A ist, dann ist es B. Wenn etwas nicht B ist, dann ist es A, das A das Positiv, das B das Negativ. Die Binaritäten folgen einer Hierarchie, und die Dinge und Eigenschaften in der Welt müssen so lange voneinander abgegrenzt und ausdekliniert werden, bis nur noch ihre vermeintlich unaufteilbare, unreduzierbare Essenz übrig bleibt. Ein vermeintlicher Ausbruch aus dem Definitionenkreislauf.

Doch die sozialen, kulturellen und vor allem ökonomischen Rahmenbedingungen, die meiner Ansicht nach die Dinge und Eigenschaften in der Welt eigentlich erst erzeugen, spielen dabei kaum eine Rolle. Und auch nicht, dass diese Verhältnisse eben nicht in Stein gemeißelt, sondern veränderbar sind.

Nichts in der Welt existiert einfach so, losgelöst und um seiner selbst willen. Wie auch die Liebe – wie ich bereits in *Radikale Zärtlichkeit* schrieb – existiert der Hass nicht im luftleeren Raum. Wer hasst, muss sich in einem Ozean aus möglichen Reaktionen auf die Welt zurechtfinden.

Ich gebe also zu, dass sich der Hass nicht säuberlich aus der Teigmasse von verwandten Emotionen wie Feindseligkeit oder Abscheu ausstanzen lässt wie ein Weihnachtsplätzchen, und auch nicht von der Gewalt. Der Hass ist oft Fühlen und Handeln zugleich. Menschen und die Prozesse in der Welt sind komplex. Der Hass hat kein unumstößliches Wesen.

Und doch glaube ich, dass ich mich mit der Ausstechform in der Hand an den Teig heranwagen und den Hass zumindest in eine Form gießen muss. Denn sosehr mir das ständige Kategorienabklopfen auch zuwider ist, sind Abgrenzungen und Eingrenzungen doch manchmal aufschlussreich, um das eigene Schreiben, das eigene Unbehagen und Grollen zu verorten. Und um etwa die soziale Beschaffenheit unserer kapitalistischen, patriarchalen oder kolonialen Gegenwart in Deutschland und darüber hinaus zu verstehen. Gerade wenn es um politische Gefühle geht.

Die Philosophin Hilge Landweer unterscheidet den Hass etwa von der Verachtung. Der Hass sei mit einem unmittelbaren Vernichtungsimpuls verbunden, während die Verachtung eher mit einem Impuls des Sich-Abwendens einhergehe. Ein Impuls aus einem Gefühl, das hervorragend in die »neoliberale Landschaft« passe, so Hilge Landweer.[2]

Denn in dieser verächtlichen Abwendung stecke schlimmstenfalls eine Gleichgültigkeit, die zu einer Entmenschlichung des Gegenübers führe. Die Verachtung, das Naserümpfen, die selbstgerechte Entrüstung passen zu dem weitverbreiteten Überlegenheitsgefühl herrschender Menschen und Klassen, ihr Pochen auf Eigenverantwortung und Selbsterfolg. Ein gewaltvoller, hierarchisierender Gestus der Selbsterhabenheit.

Die Verachtung komme aus einer überlegenen Position heraus, meint Hilge Landweer, beziehungsweise werde die eigene Überlegenheit erst durch die Verachtung hergestellt. Der Hass hingegen komme aus einer unterlegenen Position und lasse Potenziale zur Veränderung frei. Tendenziell werde also in einem gesellschaftlichen Geflecht der Hierarchien und Unterdrückung von unten gehasst und von oben verachtet.[3]

Und ja, selbstverständlich gibt es auch den erhabenen, herrschenden Hass, der sich in Staatsformen und Ökonomien niederschlägt. Auch darauf komme ich zurück. Doch Hilge Landweer schenkt mir hier eine Ausstechform, die den Kern meines ganzen Unterfangens in diesem Buch umrandet: Der Hass kann verändern, der Hass kann transformieren. Mich interessiert der Hass zwar auch als eine unterdrückerische, doch noch viel mehr als eine widerständige Handlungsform.

Ich will in diesem Buch über den Hass schreiben – nicht über seine ominöse Natur oder sein angebliches Wesen. Ich werde über reaktionären Hass und strategischen Hass schreiben, über Hass als letztes Mittel, über Hass als Kategorie der Ermächtigung, als widerständiges Handwerk. Ich werde keine eindeutigen Definitionen liefern. Ich werde den Teig kneten und den Hass ausstanzen und wieder vermengen. Denn ich schreibe über den Hass nicht um seiner selbst oder um der Kunst des Definitionenabklopfens willen, sondern im Interesse einer anderen Welt. Dafür muss er vor allen Dingen erst mal sichtbar werden, seine Geschichte wie Gegenwart.

Denn eins gilt immer noch: Der Hass soll ins Verborgene verbannt werden. Denn weder passt er zum Selbstbild einer vermeintlich aufgeklärten und zivilisierten Gesellschaft und ihren christlich-abendländischen Werten. Denn diese will sich eigentlich am liebsten als Heilsbringerin für die ganze Welt betrachten. Noch gibt es in dieser Geschichte Raum für den Hass jener Menschen, die unter dieser Lüge gelitten haben und leiden: Menschen, die ausgebeutet, vernichtet wurden und werden.

Ihr Hass soll nicht existieren, weil er der selbst ernannten Zivilisation gefährlich werden könnte.

Der Hass ist hässlich, heißt es daher, und wie die Hässlichkeit ist er so verpönt, dass er meist nicht mal einer eigenen Geschichte würdig scheint, darauf komme ich im letzten Teil dieses Buchs zurück. Ich bin etwa in der (deutschsprachigen) Philosophie – im Vergleich zu der Liebe – auf keine populäre Ideengeschichte des Hasses gestoßen, die ich hier entlang weniger philosophischer oder soziologischer Superwerke kurzerhand zusammenfassen könnte. Das soll mich selbstverständlich nicht davon abhalten, im nächsten Kapitel genau das zu versuchen. Ich werde in der Geschichte wühlen müssen, Spuren lesen.

Gleichzeitig ist die Feststellung der angeblichen Abwesenheit von Hass nur die halbe Wahrheit. Denn er breitet sich zwar nicht in demselben Umfang wie die Liebe oder ihr verwandte Themen ideengeschichtlich aus, in politischen wie auch philosophischen

Theorien. Doch er hat immer eine Rolle gespielt. Wenn auch nur dezent, nur unterschwellig, wenn auch nur in der Benennung oder Markierung dessen, was die westliche, moralische Zivilisation *nicht* sein will. Und gerade die Abwesenheit von Ideen erzählt manchmal mehr als ihre Anwesenheit und macht sie umso anwesender.

Und doch muss ich ein weiteres *Gleichzeitig* hinterherschieben: Ja, in den letzten Jahren wurde viel über den Hass gesagt und geschrieben. Alarmierendes. Oft hat er die Schlagzeilen bestimmt. Doch dabei ging es um den Hass, den etwa Rassist*innen und Faschist*innen in Deutschland, Europa und über den Kontinent hinaus verbreiten. PEGIDA, Wutbürger*innen, Verschwörungsideolog*innen. Und die versucht kritische Auseinandersetzung mit diesem Hass verlor sich oft in Floskeln. Weniger Hass, mehr Liebe, hieß es, während in Europa die Rechten immer mehr an Zulauf gewannen. Hass ist krass, Liebe ist krasser, Hass ist laut, Liebe ist lauter. Für mich ist das nichts als verzweifelter Lärm.

In diesem Buch spielt dieser rechte Hass nur eine sekundäre Rolle. Er rückt zwar gezwungenermaßen immer wieder in mein Blickfeld. Doch eigentlich ist dieser Hass nicht mein Maßstab. Mich faszinieren weder seine persönlichen Beweggründe noch seine Subjekte.

Mich interessieren in diesem Buch jene, die nicht nur in den vergangenen Jahren, sondern seit jeher als Objekte und Zielscheiben des Hasses in Erscheinung getreten sind. Sie sind das größte *Gleichzeitig* des Hasses, das unsichtbar bleibt: widerständige Schwarze, rassifizierte Menschen, Jüdinnen*Juden, arme Menschen und Arbeiter*innen, queere Menschen, weibliche und andere marginalisierte Geschlechter. Revolutionäre. Menschen in Befreiungs- und Klassenkämpfen.

Es sind diese Menschen, die mich als die Subjekte des Hasses in einer kapitalistischen, rassistischen und patriarchalen Welt interessieren. Ihr Hass muss nicht immer berechtigt oder gut sein. Aber es gibt ihn. Mich interessieren jene, die hassen mussten. Jene, denen unterstellt wurde zu hassen. Jene, denen abgesprochen wurde, hassen zu können. Und vor allem jene, die hassten. Hassen. Menschen, die den Hass nicht nur erleiden, sondern ihn wählen.

Ein letztes *Gleichzeitig* habe ich noch auf Lager: Ich schrieb, der Hass sei verpönt und falle vor allem durch seine konzeptuelle Abwesenheit auf. Das stimmt zwar einerseits, doch andererseits steht er manchmal auch ungünstig im Weg. Der Hass soll dann als Erklärung für Phänomene herhalten, die er aber gar nicht erklären kann, zumindest nicht allein.

Ein Beispiel, dem ich in meiner Arbeit immer wieder begegne, ist die Misogynie, also die systematische Unterdrückung, Vernichtung, Bestrafung und Kontrolle der Körper von Frauen und anderen Geschlechtern, die nach herrschenden patriarchalen Maßstäben von der Mehrheit der Gesellschaft und ihren Institutionen als weiblich und minderwertig kategorisiert werden. Damit geht die konsequente Abwertung aller Eigenschaften, Tätigkeiten und Formen von Arbeit einher, die mit dem Adjektiv *weiblich* beschrieben werden.

Misogynie wird oft als »Frauenhass« übersetzt. Doch diese Bezeichnung ist verfälschend. Denn erstens trifft Misogynie nicht nur Frauen, sondern vielfältige weibliche und queere Geschlechter. Zweitens hinterlässt die Betitelung durch »Hass« bei vielen Menschen den Eindruck, bei Misogynie handle es sich um eine Frage der Emotionalität, um eine hasserfüllte Beziehung zwischen Individuen, eine Haltung von bösen Menschen mit negativen Vorbehalten, die einfach verlernt und vergessen werden kann. Doch die von Misogynie betroffenen Menschen müssen nicht im alltäglichen Sinne *gehasst* werden. Sie können begehrte Partner*innen und Freund*innen sein. Auch das schützt sie jedoch manchmal nicht davor, von ihrem Partner ermordet zu werden. Misogynie also allein durch den Hass zu beschreiben, führt schlimmstenfalls dazu, das Unterdrückungssystem zu relativieren, zu entpolitisieren und infolgedessen zu stärken.

Es ist genau diese Verzahnung von Konzepten von Hass und Herrschaft, die mich in diesem Buch interessiert. Wie hängen sie zusammen? Wo bedingen sie einander, wo stört der Hass? Herrschaft ist nicht unbedingt eine unmittelbare, soziale Beziehung, die über Befehle, Gehorsam und Bestrafung funktioniert. Die Herrschaft greift über ein System um sich, mit ihrer Gesamtheit an Strukturen, indirekten Erwartungen, Regelwerken, Mechanismen und Arbeitsteilungen. Die Herrschaft bestimmt manchmal ganz unbemerkt über Körper, Räume und Zeiten.

Ich habe es bereits vorweggenommen: Ich schreibe in diesem Buch über Ökonomien des Hasses, den Hass als Staatsform, als Herrschaftssystem. Ich schreibe aber auch über Hass als Reaktion der Gegengewalt auf die Unterdrückung, als Selbstverteidigung, als notwendiges Mittel der Gerechtigkeit. Der Hass interessiert mich nicht zuletzt dort, wo er mehr ist als ein bloßes Reagieren, wo er sich zu einer schöpferischen Kraft transformiert. Mich interessiert ein Hass, der das, was Menschen entfremdet und entwürdigt, angreift. Ein Hass, der Zärtlichkeit hervorbringt.

Genauso wie die Liebe, das schrieb ich bereits, ist der Hass ein Tun. Es gibt keinen Hass ohne die Hassenden, es gibt keine Hassenden ohne hassende Körper, die sich bewegen und verbünden gegen die inneren und äußeren Widerstände. Und auch an ihrem Hass scheitern.

Die Hassenden treten im letzten Teil dieses Buchs auf die Bühne, in meinem Kopf habe ich Scheinwerfer auf sie gerichtet, nach ihrem Groll und ihrem Flüstern gehorcht, ihrem Hass und Widerstand nachgespürt, ich habe in Erinnerungen, Ängsten und Träumen gewühlt, in Geschichtsbüchern, Archiven, Romanen und Filmen nach ihnen gesucht. Ich habe versucht, die Geschichten zu verweben, um den Hass vergleichen, abgrenzen und vermengen zu können, über Zeiten, Gleichzeitigkeiten und Grenzen hinweg.

Doch, liebe Leser*innen, bevor ich den Vorhang zur Bühne öffne, muss ich noch zu einem historischen Streifzug einladen. Denn ich schrieb, der Hass sei ein Mittel der Herrschaft. Und darauf muss jene Frage folgen: Welcher und wessen Hass herrscht und beherrscht? Woher kommt das herrschende Wissen über den Hass, und wie beeinflusst er unsere Gegenwarten? Das ist die Suche, mit der ich beginne.

HASS

Es ist der Groll im Herzen
es ist die Rache des Verbannten
Im Traum werden Bäume ausgerissen
das Ungeborene wird nicht geboren
die Reisetasche gestohlen der Weg
übers Seil unmöglich geworden
heimatlos der Verstand

– Brigit Keller, »Sehnarben«

Der Hass lässt sich nicht entlang von abgesteckten Pfeilern erzählen, unbeirrt geradeaus, wie an einem Maßband im Zeitraffer aufgestreut. Denn es gibt eben keine Geschichte des Hasses ohne ihre Gleichzeitigkeiten. Ohne dass es unübersichtlich, unruhig wird.

Doch eine Spur der Vergangenheit will ich verfolgen, weil sie sich durch Ideen und Realitäten schlängelt, in der sich Fragen nach Emotionen, Besitz und Herrschaft unweigerlich bedingen. Ich beginne dort, wo jedes scheinbar anständige und langweilige Philosophiestudium in Deutschland ansetzt: in der Antike, bei Aristoteles.

Dieser hat sich in seinen Schriften ausgiebig mit Gefühlen beschäftigt, mit dem Hass, doch vor allem mit dem Zorn. In seinem Werk *Rhetorik* dient diese Auseinandersetzung einem besonderen Zweck: Aristoteles fragt sich, welche Emotionen gebraucht und aktiviert werden sollten, um andere Menschen oder auch einen Richter zu überzeugen. Nützliche Gefühle und Ideale zählt er dabei zu den Tugenden (Gerechtigkeit, Tapferkeit, Mäßigkeit, Edelmut oder Sanftmut)[4], während er die Furcht oder den Zorn zu den Affekten zählt.

»Zorn ist also (...) ein von Schmerz begleitetes Trachten nach offenkundiger Vergeltung wegen offenkundig erfolgter Geringschätzung, die uns selbst oder einem der Unsrigen von Leuten, denen dies nicht zusteht, zugefügt wurde«, schreibt Aristoteles.[5] Der Mensch sei erzürnt, so fährt er fort, weil ihm etwas verweigert werde. Sei es etwa dem Durstigen etwas zu trinken. Und so beträfe der Zorn vor allem Menschen in Leid, »in Armut, im Liebesverlangen, im Zustand des Durstes, kurz: immer wenn sie irgendein Verlangen haben und es nicht stillen können, jähzornig und leicht in Wut zu versetzen, am meisten denen gegenüber, die ihren gegenwärtigen Zustand geringschätzen.«[6]

Zorn entstehe aus etwas, das uns selbst betreffe. Die Feindschaft hingegen brauche diesen persönlichen Aspekt nicht. Und als eine Form der Feindschaft definiert Aristoteles eben den Hass. Der Zorn richte sich gegen Individuelles, gegen einzelne Menschen, die uns Unrecht tun, aber der Hass richte sich gegen »Gattungen«. Als Beispiel führt Aristoteles die Dieb*innen an, die angeblich jede*r hasse (ob sich Dieb*innen dann auch selbst hassen müssen, lässt er offen, aber ich bezweifle, dass Dieb*innen grundsätzlich die Adressat*innen seiner Philosophie sind).

Den Zorn heile die Zeit, der Hass sei nicht heilbar. Der Zorn sei das Verlangen nach Schmerz, der Hass das Verlangen nach Schaden.

In diesen Gedanken von Aristoteles offenbaren sich die Marker, entlang derer der Großteil westlicher Denker*innen und Theolog*innen in den folgenden Jahrhunderten den Hass kulturell zeichnen: Der Hass schadet. Das ist der Kern seiner Natur. Er schadet dem Menschen und der Gemeinschaft.

Emotionen folgen bei Aristoteles einer eindeutigen Hierarchie der Zweckmäßigkeit und Wertigkeit. Menschen streben nach dem Ideal der Wahrheit und einem guten Leben. Die Tugenden helfen ihnen auf diesem Wege, die Affekte, wie Zorn oder Hass, hingegen stören und müssen durch die Vernunft reguliert werden.

Ich erwähnte bereits, dass die aristotelische Philosophie der Emotionen hauptsächlich in dem Werk *Rhetorik* Platz findet, also in der Schrift, die von der Kunst der Rede und Überredung handelt, etwa im Rahmen einer Gerichtsverhandlung. Und in genau diesem Zusammenhang ist die Hierarchisierung der Emotionen auch zu verstehen. Denn in Situationen des Streits oder vor Gericht könnten niedere Affekte, wie etwa der Zorn, den Richter reizen. Die Herrschenden reizen.

Die gegebene herrschende Ordnung verlangt keine leidenschaftliche Auflehnung, sie droht ihr mit Bestrafung, und wenn überhaupt erfordert sie von den Angeklagten, sich in ihr kunstvoll zurechtzufinden. Es geht darum, nicht aufzubegehren. Und auch deshalb sind der Zorn und der Hass keine Tugenden, sondern gefährliche Affekte. Sie stören die Ordnung.

Es liegt – wie so oft in den westlichen Philosophien – an der Vernunft, die negativen Emotionen oder Affekte wie Zorn und Hass zu regulieren, die Ordnung zu erhalten. Es ist jedoch bekannt, dass Aristoteles nicht alle Menschen als vernunftbegabt betrachtet, mehr noch handelt es sich dabei eigentlich nur um eine Gattung Mensch, der dieses Talent zugutekommt: der freie, bürgerliche, besitzende Mann (also der, der so große Angst vor Dieb*innen hat).

Das Urteil über den Hass und die Hassenden steht also bereits in der Antike unweigerlich in einer Beziehung zur Herrschaft. Davon zeugt ein weiteres, besonders anschauliches Beispiel aus der Zeit des Frühchristentums. Es handelt sich um eine Schrift aus dem zweiten Testament der christlichen Bibel. In dem sogenannten *Römerbrief* aus der Mitte des 1. Jahrhunderts – Jesus ist bereits gekreuzigt worden – wendet sich der Apostel Paulus an die junge römische Gemeinde. Diese besteht damals in der Mehrheit aus sogenannten Judenchrist*innen, also aus Jüdinnen*Juden, die an Jesus als Messias glauben. Im römischen Reich sind sie zu dieser Zeit eine verfolgte, unterdrückte Minderheit und auch in ihren ehemaligen Synagogengemeinden oft nicht mehr geduldet.

In dem Brief betont Paulus die christliche Heilsbotschaft und appelliert an die Verfolgten: »Lass dich nicht vom Bösen unterkriegen, sondern besiege Böses mit Gutem: Jeder Mensch soll sich den [staatlichen] Gewalten unterordnen, die an der Macht sind. Denn es gibt keine Macht außer von Gott. Die bestehende ist von Gott eingesetzt. Wer sich gegen die Macht stellt, widersetzt sich deshalb der Anordnung Gottes. Die, die Widerstand leisten, müssen damit rechnen, verurteilt zu werden (...) Wen ihr fürchten müsst, fürchtet. Wen ihr achten müsst, achtet. Dann seid ihr niemandem etwas schuldig – außer einander zu lieben (...) Lasst uns ein gutes Leben führen, das dem Tag entspricht: ohne verschwenderische Trink- und Essgelage, ohne sexuellen Missbrauch und Orgien, ohne Hass und Neid. Zieht Jesus, den Messias, an, dem wir gehören.«[7]

Böses mit Gutem besiegen. Liebe statt Hass. Das Überleben und die Antwort auf die Repression verklärt Paulus zu einer Frage des moralischen, gottesfürchtigen Lifestyles. Der Römerbrief in dieser Überlieferung individualisiert und entpolitisiert nicht nur die Antwort auf die Unterdrückung, die die Judenchrist*innen erfahren. Auch liefert der Text in den folgenden Jahrhunderten für die christlichen Kirchen wie auch staatliche Institutionen eine zuverlässige Grundlage, um die Herrschaft der Obrigkeiten, ihre Gewalt und die Erwartung des Gehorsams zu rechtfertigen.

Der Römerbrief verdammt den Hass mustergültig als ein abtrünniges Element des Widerstandes gegen die göttliche, aber auch irdische Ordnung. Das ist eine Botschaft an das religiöse Innen wie Außen. Von den Gläubigen verlangt diese Botschaft Gehorsam und Friedfertigkeit – auch angesichts der Ungerechtigkeiten in der Welt und in den eigenen Reihen. Die Botschaft an das Außen ist: Wir sind eine Religion des Friedens, eine Selbstbeschreibung, die das Christentum wie auch der Islam gleichermaßen für sich beanspruch(t)en – um als selbst ernannte Heils- und Friedensbringer viele Teile der Erdkugel gewaltsam zu kolonisieren.

Körper, beherrschte Körper zu disziplinieren, bleibt ein zentrales Herrschaftsinstrument dominanter christlicher Denkschulen. Der Zorn wird zu einer der sieben Todsünden erklärt. Römisch-christliche Denker wie Augustinus bestehen zwar im vierten und fünften Jahrhundert darauf, dass auch die sogenannten niederen Affekte zur Natur des Menschen gehören. »Gleichzeitig hält er am Ideal einer nicht von Leidenschaften getriebenen Existenz fest«, wie die Philosophinnen Hilge Landweer und Ursula Renz beobachten, »doch hat diese ihren Ort im Paradies oder im Jenseits.«[8]

Ab dem 18. Jahrhundert stehen Emotionen, selbst negative Emotionen, dann doch hoch im Kurs, zumindest in ausgewählten Kreisen von Philosoph*innen und Denker*innen. Sie wollen sich auf diese Weise von den dominanten Philosophien der Aufklärung abgrenzen, die Rationalität und Vernunft preisen. Sie hingegen preisen das Gefühl. Es ist die Zeit der Romantik, der Rückbesinnung auf innere Prozesse, die als der eigentlich moralische Maßstab für Richtig und Falsch dienen sollen.

1826 schreibt der berühmte britische Schriftsteller William Hazlitt sogar das Büchlein *Über das Vergnügen zu hassen*, das sich in verschiedenen Essays dem Genuss und der moralischen Wertigkeit von Hass als Teil der menschlichen Natur widmet.

Das Buch lässt sich in der Sprache junger Menschen bestenfalls als cringe beschreiben. Hazlitt philosophiert darin etwa über seinen Heldenmut, eine Spinne nicht zu töten, obwohl er ihren Anblick hasse (er kommt bei der Schilderung übrigens nicht drum herum hinzuzufügen, dass ein *Kind*, eine *Frau*, ein *Hanswurst* oder ein *Moralist*[9] das kleine Tier zu Tode gequetscht hätte, und ja, das ist tatsächlich die Reihenfolge seiner Aufzählung). Im Laufe der Lektüre offenbart sich mehr oder minder, dass Hazlitt ein beleidigter Zeitgenosse ist, weil seine Freund*innen nicht mehr mit ihm abhängen wollen. Und die Weltliteratur ist dann um ein Werk reicher, in dem ein gekränkter *weißer* Mann sein verletztes Ego in gewollt philosophischen Ergüssen badet.

Dass William Hazlitt ein *weißer* bürgerlicher Mann im kolonialen Königreich Großbritannien war, ist keine Randnotiz. Denn nur so lässt sich verstehen, wie in einem Zeitalter, in dem die Kategorie der Emotionalität philosophisch wie wissenschaftlich als Eigenschaft der vermeintlich Unvernünftigen manifestiert wird, ein Schriftsteller sich literarisch dem Genuss seiner noch so niederen Emotionen verschreiben kann. Dem Hass. Denn William Hazlitt hat dabei nichts zu befürchten.

Dass er ein fühlendes und sogar hassendes Wesen ist – und sich als solches bekennt –, wird kaum etwas an der allgemeinen Annahme ändern, dass er dennoch ein *Mensch* ist.

Diese Beobachtung mag banal klingen. Doch gerade in dieser Zeit kolonialer Bestrebungen entwickeln die westlichen Kolonisator*innen systematisch Theorien, die die kolonisierten Menschen zu vermeintlich minderwertigen Rassen erklären, die sie gewaltsam zur Vernunft bringen müssen, um die eigene Gewalt an diesen Körpern und Geografien zu rechtfertigen.

Die westlichen Kolonisator*innen markieren die Kolonisierten in der Wissenschaft wie auch in der Philosophie als jene Menschen und Völker, die der Vernunft erst gar nicht fähig sind. Und somit auch nicht dazu, Neues zu erschaffen, Kultur zu erschaffen. Handlungsfähig zu sein. In der Konsequenz müssen sie geformt und fremdbeherrscht werden.

Diese Gegenüberstellung von Handlungsfähigen und Ohnmächtigen ist eine zentrale Logik im Kolonialismus. Und ich will ihr auf den nächsten Seiten entlang unterschiedlicher Spielformen des Hasses, die ich *Modi* nenne, nachspüren und sie auffächern. Denn für mich zieht die Frage nach Handlungsfähigkeit und Ohnmacht in diesem Buch unweigerlich diese Fragen nach sich: Wer hat die Macht zu hassen?

Wo vermengen sich Macht und Ohnmacht, wo richtet sich der Hass in dieser Gemengelage ein, wo kann ich ihm ein neues Gewand nähen? Wer hält bis heute die Stoffe und Fäden des Hasses in der Hand, näht und stopft, deutet und legt den vermeintlich Ohnmächtigen noch bis heute den Strick des Hasses um den Hals?

Philosophen wie Thomas Hobbes verbreiten bereits im 17. Jahrhundert krude rassistische Theorien und deklarieren den Menschen als von Grund auf feindselig, mit der Natur eines Raubtieres. Der deutsche Philosoph Georg Wilhelm Friedrich Hegel erklärt den Hass in seiner *Phänomenologie des Geistes* (1807) zum natürlichen Wesenszug Schwarzer Menschen, er schreibt, sie seien Exempel »vereinzelter ungeselliger Völkergeister, die in ihrem Hasse sich auf den Tod bekämpfen.«[10]

Weil der kolonisierte Schwarze Mensch also von Grund auf hassend sei, von »uraltem Hass überwältigt und in endlose innere Kämpfe verstrickt«, ist er in diesem Sinne nicht zur Zivilisation befähigt, also zu keiner Gesellschaftsform, in der er friedlich und durch die gegenseitige Anerkennung von bürgerlichen Rechten eine gemeinsame Kultur erschafft. Diese rassistische Vorstellung wird im 19. Jahrhundert unter den meisten westlichen Denker*innen herumgereicht wie Knopf und Faden. Als Beweise sollen etwa angebliche kannibalistische Praktiken unter den indigenen Völkern dienen.

Die Quintessenz lautet: Der Hass der kolonisierten, rassifizierten Menschen ist so selbstbezogen und so zerstörerisch, dass sie weder in der Lage sind, Leben zu erschaffen, noch, zu erhalten. »Und wo er Kraft ist, kann es sich nur um rohe, übermäßige, konvulsivische und krampfartige, gegen den Geist immune Kraft handeln«, entlarvt der kamerunische Philosoph Achille Mbembe den *weißen* kolonialen Blick, »Woge, Wüten und Nervosität in einem und nur geeignet, Abscheu, Angst und Schrecken auszulösen.«[11] Die Kolonisierten sind demnach nicht zur Barmherzigkeit fähig und auch nicht dazu zu differenzieren. Sie sind nicht zur Gesellschaft nach aufklärerischem Vorbild fähig.

Im rassifizierten Menschen verschmelzen auf diese Weise verschiedene Texturen des Hasses, die zu seiner Person werden sollen. Jede dieser Texturen hat eine eigene Wirkweise, jede dieser Texturen ist ein eigener Modus. Ich kann insgesamt fünf Modi ausmachen:

Erstens der Hass, der dem rassifizierten, unterdrückten Menschen als seine angeblich natürliche Seinsweise zugeschrieben wird, um ihn zu entmenschlichen.

Zweitens der Hass, den die Kolonisator*innen gleichzeitig systematisch säen. Sie stiften die Menschen, die beispielsweise auf den kolonialen Plantagen arbeiten müssen, zum Hass auf ihre Gleichgesinnten an. So stellen sie sicher, dass die Ausgebeuteten und Versklavten einander bei der Arbeit kontrollieren und disziplinieren. Auch diese Form der Politik des Hasses[12] dient der Entmenschlichung. Der Körper auf der Plantage braucht kein Mensch zu sein, er genügt als hassende Masse, solange die Kolonisator*innen seine Arbeitskraft ausbeuten können.

Ähnliche Politiken des Hasses, die der Kontrolle von Menschen, Klassen und Volksgruppen dienen sollten, etablieren französische und britische Kolonialherrschaften ebenso in Westasien wie in Nordafrika, insbesondere in Algerien, wo sie etwa die jüdischen und muslimischen Bewohner*innen durch Gesetze, Gerüchte und andere koloniale Praktiken gegeneinander aufbringen oder Stammesfehden initiieren.

Diese Politiken – oder auch: die Ökonomien – des Hasses sind nicht zuletzt ein zentraler Ankerpunkt linker Systemkritik. Die besitzenden Klassen brauchen den politisch hergestellten Hass, um die Ausgebeuteten zu spalten. Die Schichtarbeiter*in gegen die Vorarbeiter*in. Die inländische Lohnarbeiter*in gegen die ausländische Lohnarbeiter*in. Die Lohnarbeiter*in gegen die Lohnarbeitslose. Der Markt lebt von der ständigen Konkurrenz und stillen Feindschaft rivalisierender Menschen, die von ihrem Lohn abhängig sind.

Die dritte Faser, der dritte Modus des Hasses – und dieser ist mindestens genauso wirkmächtig wie die anderen Formen – ist der politische Selbsthass. Der nach innen gerichtete Hass unterdrückter, kolonisierter, versklavter, rassifizierter Menschen. Diesem hat sich mitunter der Philosoph, Psychiater und einer der wichtigsten Denker*innen des Dekolonialismus gewidmet: Frantz Fanon.

Der Schwarze Mensch entdecke sich als »Objekt inmitten anderer Objekte«[13] in einer weißen Welt, beschreibt Frantz Fanon in *Schwarze Haut, weiße Masken*. Er erfahre sich als ein vermeintlich schlechtes, bösartiges und hässliches Objekt der Attraktion, der Angst und Abscheu. Sein Konflikt rühre daher, diesen Blick auf sich zu übernehmen, sich als Schwarzen zu hassen, die vermeintliche Überlegenheit der Weißen anzuerkennen und gleichzeitig immer wieder zu begreifen, nicht *weiß* sein zu können.

Auch heute, in einer neoliberalen, rassistischen und patriarchalen Gesellschaft, macht der Selbsthass macht- und sprachlos, gefügig. Er isoliert und ist profitabel. Er verkauft Produkte, um unser ständiges Funktionieren zu garantieren, er verkauft Regeln, um unseren eigenen Wert unter Beweis zu stellen: auf der Arbeit, in der Schule, in unseren Beziehungen. Und in seiner Extremform ist der Selbsthass der direkte verlängerte Arm der Unterdrückung. Die Unterdrücker*innen und unterdrückerische Verhältnisse müssen ihre Opfer gar nicht mehr selbst disziplinieren und abwerten. Das erledigt die Unterdrückung, die sich in die Köpfe, in die Körper eingenistet hat, von selbst.

Und der Selbsthass garantiert, dass der Hass nur eine Richtung kennt: nach innen. Er wendet sich nicht an das unterdrückerische Außen.

Und daher ist dieser Modus eng verwandt mit dem vierten Modus des Hasses: dem Modus des Nicht-hassen-Dürfens. Er erfordert aus unterschiedlichen Beweggründen, den eigenen Hass, die eigene Abscheu, den eigenen Widerstand zu ersticken.

Denn Unterdrückung funktioniert nicht nur über direkte Gewalt, nicht nur mit Schlägen, Regeln und Strafen. Sondern auch darüber, Bilder und Situationen zu erschaffen, die die völlige Machtlosigkeit und das Unvermögen der Opfer unterstreichen. Denn so lässt sich auch die Unterdrückung legitimieren, ganz nach der Devise: Schaut, die wehren sich sowieso nicht, sie sind passive Objekte. Sie sind nicht zu dem imstande, was den Menschen mitunter ausmacht: zum Widerstand.

»Während ich gute Gründe hatte, zu hassen, zu verabscheuen, stieß man mich zurück? Mir, den man eigentlich hätte anflehen, umwerben müssen, mir versagte man jede Anerkennung?«, schreibt Frantz Fanon. »Mir ist keine Chance erlaubt. Ich bin von außen überdeterminiert.«[14] Er habe nicht das Recht, dem Weißen seinen Hass ins Gesicht zu schreien. Er habe nur die Pflicht, dem Weißen seine Dankbarkeit ins Ohr zu flüstern.[15]

Die entmenschlichende Widerstandslosigkeit ist auch eine weitverbreitete antijüdische Erzählung: Jüdinnen*Juden seien passiv, sie hätten sich weder gegen die jahrhundertelange Verfolgung noch gegen die systematische Vernichtung im Holocaust gewehrt. In seiner modernen Form äußert sich dieser Mythos bis heute in der Unsichtbarmachung jüdischen Widerstandes. Doch es hat ihn schon immer gegeben. Genauso wie den Hass und die Rache der Überlebenden des deutschen Faschismus. Davon erzähle ich später.

Dieser Modus des Nicht-hassen-Dürfens oder Nicht-hassen-Könnens könnte einerseits als eine Form der widerstandslosen Hinnahme und -gabe verstanden werden, die von Beherrschten verlangt wird.[16] Und gleichzeitig muss diese Verpflichtung gar nicht offen artikuliert werden. Sie wird zu einer Selbstverpflichtung.

Die Philosophin Elsa Dorlin bezeichnet diese Haltung in ihrem Werk *Selbstverteidigung – Eine Philosophie der Gewalt* als *dirty* oder *negative care*. Diese Schlagworte werden im zweiten Teil dieses Buchs eine zentrale Rolle spielen. Der Begriff *care* deutet an, dass es sich um eine Form der Sorge- und Fürsorgeleistung handelt. Gerade weiblichen Personen wird eine fürsorgende, sanfte und auch oftmals mütterliche Natur unterstellt, die sie wie von Zauberhand dazu anleite, sich für andere aufzuopfern, ihre eigenen Bedürfnisse unterzuordnen. Ungerechtigkeiten hinzunehmen.

Der Figur dieser *sanften* Frau nimmt sich die Autorin Ann-Kristin Tlusty in ihrem Buch *Süß* an. Sie arbeitet darin Schritt für Schritt heraus, welchen Nutzen die angeblich weibliche Sanftheit in einem patriarchalen Kapitalismus hat, und skizziert, wie sich die Idee der weiblichen Sanftheit im 20. Jahrhundert als bürgerliches Ideal etabliert. Es bleibt zunächst den proletarischen Frauen, die mit ihren Männern in der Fabrik arbeiten und als männlich stigmatisiert werden, verwehrt. Mit dem steigenden

Wohlstand – und je mehr Frauen zu Hausfrauen werden und ihre Männer zu Alleinversorgern – setzt sich das Ideal der weiblichen Sanftheit kulturell in der Breite durch.[17]

»Sanftheit gilt als Kompetenz, und zwar als unabdingbare Kompetenz für ein weibliches Dasein – wird jedoch zugleich abgewertet«,[18] kommentiert Ann-Kristin Tlusty. Das bezeugt die Tatsache, dass Fürsorgearbeit im häuslichen Raum, größtenteils von weiblichen Menschen verrichtet, gar nicht entlohnt oder überhaupt als tatsächliche Arbeit anerkannt wird. Als entspringe diese »unabdingbare Kompetenz« eben einer sanften weiblichen Natur und passiere somit wie von Zauberhand. Dabei wird diese Arbeit seit Jahrhunderten Frauen gesellschaftlich zugewiesen. Und sie ist unentbehrlich, um das gesellschaftliche und wirtschaftliche System am Laufen zu halten, da verweiblichte Fürsorge – das Waschen, Kochen, Aufräumen, die Kindererziehung und andere Formen emotionaler Pflege – die wichtigste Ressource erschafft und wiederherstellt, die es auf dem kapitalistischen Markt gibt: Arbeitskraft. Auch an anderer Stelle zeigt sich die gnadenlose Ausbeutung von Fürsorge- und Pflegearbeit ganz offen: Im weiblich dominierten öffentlichen Sektor arbeiten Pflegekräfte prekär. Ihr Prekariat ist die Bedingung, damit das heruntergewirtschaftete Gesundheitswesen nicht vollends zusammenbricht.

Die Sanftheit wird also als ein natürlicher, essenzieller und somit ökonomisch profitabler Wesenszug der Weiblichkeit heraufbeschworen. Es bleibt aber wichtig zu differenzieren. Denn sosehr sich dieses Ideal der Fürsorge in der Breite etabliert hat, ist die Sanftheit immer noch vordergründig als Wesenszug der *weißen* cishetero bürgerlichen Frauen bestimmt. Alle anderen marginalisierten Geschlechter sowie queere oder rassifizierte Weiblichkeiten sind einerseits dazu angehalten, diesem oftmals selbstzerstörerischen Ideal der vollkommenen Sanftheit zu entsprechen. Andererseits kann und wird die Dominanzgesellschaft ihnen immer wieder absprechen, diese Norm erfüllen zu können – und jede Faser ihres Körpers zu einem dumpfen Herd des Hasses erklären.

Ich denke an eine der (unzähligen) True-Crime-Serien, die ich in den vergangenen Jahren geschaut habe: *Mord an der Costa del Sol*. 1999 wird im andalusischen Mijas die 19-jährige Rocío Wanninkhof Hornos ermordet. Zwei Jahre später steht die 52-jährige María Dolores Vázquez vor Gericht. Sie ist die ehemalige Lebenspartnerin der Mutter von Rocío und hat die getötete junge Frau mit aufgezogen. Für Dolores' Beteiligung am Mord ihrer Ziehtochter gibt es keinen einzigen Beweis. Doch den Behörden und der Öffentlichkeit gelingt es, sie als eine vermeintlich jähzornige, rachsüchtige, dominante, vermännlichte Frau zu porträtieren – ein misogynes Porträt, das um jeden Preis das Täter*innenprofil bestätigen soll.

Ihre Homosexualität, ihre Blicke, ihre kurzen Haare, ihre Gesten, allein ihre Existenz als lesbische Frau sind nicht nur Gegenstand übergriffigster Berichterstattungen, sondern auch der Gerichtsverhandlung. Die homofeindliche Öffentlichkeit jagt Dolores Vázquez. Sie wird zu einer Haftstrafe verurteilt. Der eigentliche Mörder, ein 32-Jähriger, der bereits in seiner britischen Heimat eine umfangreiche Akte von sexualisierten Verbrechen aufweist, kann indes weitermorden. Erst 2003 wird er gefasst. Dolores Vázquez erhält nach ihrer Freilassung keine Entschädigung, geschweige denn eine öffentliche Entschuldigung, bis heute nicht.

In einer Realität, die nur zwei Geschlechter kennt, muss das Gesicht des Hasses eigentlich männlich sein. Denn das Gesicht der

Sanftheit ist ja weiblich. Und es ist auch das männliche Prinzip, das in seiner historischen Beziehung zum Krieg, zum Militär, zur Staatlichkeit, Gewalt, Potenz und Dominanz steht. Das lateinische Wort *malus* kann mit *männlich*, aber auch mit *bösartig* übersetzt werden.

Weiblichkeiten, die nicht cis, nicht hetero, nicht *weiß* sind, stehen unter ständigem Zugzwang, ihre Sanftheit und somit Weiblichkeit unter Beweis zu stellen. Sie müssen beweisen, nicht hassend, nicht zornig, nicht zerstörerisch, nicht dominant, eben nicht männlich zu sein, um als menschlich anerkannt zu werden.

Doch zugleich verkörpert das männliche Prinzip – wie ich mit Hinweis auf antike und aufklärerische Philosophien bereits erwähnte – das Rationale, die Vernunft. Das Gegenteil der Zerstörung. Der männliche Hass erscheint dann im Gewand des Dienlichen, des Legitimen, des Staates, der Autorität. Der Hass entsagt sich gleichsam seiner Gehässigkeit und Hässlichkeit und wird zum Mittel der Vernunft.

Es ist gerade diese Widersprüchlichkeit und Gleichzeitigkeit, die solchen Phänomenen in einer nun mal komplexen Welt innewohnt. Doch in ausbeuterischen, patriarchalen und rassistischen Verhältnissen kann sie nach Belieben ausgelegt und angepasst werden, um ebenjene herrschenden Verhältnisse, die herrschenden Geschlechterbilder, die herrschenden Gesetze oder Polizeipraktiken zu rechtfertigen.

Die beherrschten Körper, die Blicke und Stimmen von Unbequemen, von Widerständigen, von queeren oder rassifizierten Menschen müssen und können dann nur den Horror schlechthin repräsentieren.

Sich sanft oder fürsorglich zu zeigen, kann in diesem Sinne für marginalisierte, unterdrückte Menschen eine Überlebensstrategie darstellen, in einer Gesellschaft, in der sie ständig mit rassistischer oder sexistischer Gewalt konfrontiert sind. »Die erlittene Gewalt erzeugt eine negative kognitive und emotionale Haltung, die die Personen, die sie erfahren, dazu bewegt, ständig auf der Hut zu sein, auf die Welt und die anderen zu hören; in einer kräftezehrenden grundsätzlichen Angst zu leben und die Gewalt zu leugnen, herunterzuspielen, zu entschärfen, einzustecken, zu reduzieren oder zu vermeiden und sich in Sicherheit zu bringen, sich zu schützen und zu verteidigen«, schreibt Elsa Dorlin. »Hier geht es nicht mehr darum, ›sich um andere zu kümmern‹, um etwa zu tun, was ihnen hilft, sie versorgt, sie tröstet, beruhigt, ihnen das Gefühl der Sicherheit gibt, sondern darum, sich um andere zu kümmern, um vorauszusehen, was sie mit uns tun wollen, werden oder können – etwas, das uns potentiell entwertet, ermüdet, beleidigt, isoliert, verletzt, beunruhigt, negiert, Angst macht, derealisiert.«[19]

Genau das zeichnet *dirty care* aus: die erzwungene Fürsorge aus Sorge vor der allseits bedrohlichen Gewalt und Angst vor Bestrafung. Und an dieser Stelle schließt sich der Kreis zu Aristoteles. Denn der antike Philosoph widmet sich in seiner *Rhetorik* nicht nur den Emotionen des Zorns und der Feindseligkeit, sondern auch der Sanftmütigkeit. Er zeichnet sie als das Gegenteil zum Erzürnen. Außerdem beschreibt er die Besänftigung als ein Talent, das den Zorn hemme und beruhige. Warum das wichtig sei? »Das zeigt sich ja auch bei der Bestrafung der Sklaven«, so Aristoteles. »Die, die widersprechen und leugnen, strafen wir eher, denen gegenüber aber, die zugeben, ihre gebührende Strafe zu erhalten, lassen wir den Zorn schwinden.«[20]

So wird die Sanftmut zur Tugend der Herrschenden und die Besänftigung eine Überlebensstrategie der Beherrschten.

Der Modus des Nicht-hassen-Dürfens ist also unmittelbar an den ersten Modus gekoppelt, der unterdrückte Menschen als grundsätzlich hassend kategorisiert. Denn: Wem immer zugeschrieben wird, von Natur aus hassend und somit bösartig und unmenschlich zu sein, muss verhindern, dieser Vorannahme zu entsprechen. Ihre angebliche Unmenschlichkeit – sei es auch unbeabsichtigt – zu bestätigen, könnte für Betroffene zur Folge haben, noch mehr, noch brutalere Gewalt zu erfahren.

Als der Westdeutsche Rundfunk im Herbst 2021 die Journalistin und Ärztin Nemi El-Hassan als neue Moderatorin der Wissenschaftssendung *Quarks* ankündigt, ist diesmal die deutsche Öffentlichkeit Schauplatz einer Hetzjagd. Der unbändige Drang, Nemi El-Hassan zu zerstören, zielt hier nicht auf ihr sexuelles Begehren, wie im Falle von María Dolores Vázquez. Sie findet Niederschlag in einer spezifischen Form des Rassismus: Nemi El-Hassan ist eine muslimische Palästinenserin.

In einer von rechten Gruppen orchestrierten und vom Springer-Verlag weiterverbreiteten Kampagne wird Nemi El-Hassan unterstellt, eine islamistische Antisemitin zu sein. Als Beweise sollen Aufnahmen von El-Hassans Teilnahme an der jährlich in Berlin stattfindenden antiisraelischen al-Quds-Tag-Demonstration dienen, auf der auch antisemitische Parolen gerufen wurden. 2014 fand die Demonstration im Schatten des Gaza-Kriegs statt, bei dem nach UN-Angaben rund 1500 Palästinenser*innen getötet wurden. Auch Nemi El-Hassans Likes für die Beiträge einer linken jüdischen Organisation zur israelischen Besatzungspolitik auf Instagram sollen den Antisemitismusvorwurf untermauern. Dass sich Nemi El-Hassan ausdrücklich von ihrer Teilnahme an der Demonstration distanziert und erklärt, nicht aus antisemitischen Motiven an der Kundgebung teilgenommen zu haben, sondern um gegen den Krieg im Gaza-Streifen zu protestieren, ist zwecklos. Auch dass sie angibt, sich zu schämen, und um Entschuldigung bittet, hilft ihr nicht weiter.

Auch spielt das für den WDR keine Rolle, der die Zusammenarbeit aufkündigt – während Kabarettist*innen wie Lisa Eckhart mit ihren antisemitischen Punchlines immer noch durch die Sendezeit der öffentlich-rechtlichen Kanäle tanzen. Die Sendezeiten und Prestigejobs verteilen die Toms und Lisas lieber unter sich.

Nemi El-Hassans Reue, ihre Zweifel und ihr Recht auf persönliche, politische Entwicklung – angeblich Grundrechte in einer liberalen Gesellschaft – gelten nicht. Als palästinensische Frau ist Nemi El-Hassan für den Großteil der deutschen Öffentlichkeit – ob rechts, konservativ oder liberal – allein durch ihre Existenz die Verkörperung des Terrors und Hasses schlechthin.

Dieser antipalästinensische Rassismus zündet wiederum eine altbekannte taktische Nebelkerze: Die Nachfahren der nationalsozialistischen Täter*innen wollen sich selbst von jedem Verdacht des Antisemitismus freisprechen und verlagern ihn auf ein vermeintlich bedrohliches Außen, das sie umso selbstgerechter bekämpfen können. Für einige Twitter-Trolle trägt Nemi El-Hassan dieses vermeintliche Urteil bereits im Namen. Ein Mensch, der *»Hassan«* heiße, so die einfältigen wie rassistischen Kommentare, der könne ja nur hasserfüllt sein.

Das Zusammenspiel dieser zwei Modi – jener der Zuschreibung des vermeintlich animalischen Hasses, der wiederum erfordert, um jeden Preis dieser Annahme zu widersprechen – ist zäh, wandelbar, oft auf den ersten Blick undurchdringbar. Doch manchmal entblößt er sich medial in seiner vollkommenen Hässlichkeit, kulminiert gleichsam im Livestream, nicht nur im Falle von Nemi El-Hassan.

Dieses Phänomen äußert sich in besonders brutaler Form, wenn es um rassistische Polizeigewalt geht, wie etwa um die rassistische Praxis des Racial Profiling, also der verdachtsunabhängigen Kontrolle von Menschen aufgrund rassistischer Kategorisierungen ihres Aussehens. Und obwohl diese Fälle immer öfter gefilmt und auf Social Media geteilt werden, bleiben die Logiken, die diese Praktiken rechtfertigen sollen, für die Mehrheit der Gesellschaft unangefochten.

Laut dieser Logik sind diese Menschen qua Existenz und Aussehen eine Gefahrenquelle und gehören deshalb im öffentlichen Raum unter besondere Beobachtung gestellt. Wenn sie sich nun aber gegen rassistische Polizeipraktiken wehren, wenn sie etwa die Kontrolle verweigern, laut werden, scheinen sie genau diese Vorannahme der Aggressor*innen zu bestätigen. Aber auch ohne Gegenwehr bleiben sie ein vermeintlich unzerstörbarer Keim der Aggression.

Dieses Phänomen ist nicht neu. 1991 gerät der Schwarze US-Amerikaner Rodney King angetrunken in eine Polizeikontrolle. Er wird bei seiner Verhaftung minutenlang von vier Polizisten gefoltert. Ein Beobachter filmt diese Szenen der grausamen Brutalität. Die Polizisten schlagen und treten noch auf Rodney King ein, als dieser bereits bewusstlos am Boden liegt. Vor Gericht werden Rodney Kings Gesten des Selbstschutzes und der Notwehr als vermeintliche Aggression und als Angriff auf die Polizisten gedeutet. Die eigentlichen Angreifer, die Polizisten, werden freigesprochen.

»So wird Rodney King, wie jeder von einer rassistischen Polizei zur Überprüfung der Personalien angehaltene afroamerikanische Mann, als Handelnder anerkannt, jedoch einzig als Agent der Gewalt, als gewalttätiges Subjekt, unter Ausschluss jeglichen anderen Handlungsbereichs«, schreibt Elsa Dorlin. »Für diese Gewalt werden immer die schwarzen Männer verantwortlich gemacht: Sie sind ihre Ursache und ihre Wirkung, ihr Anfang und ihr Ende.«[21]

Je mehr sich Rodney King also verteidigte, desto unverteidigbarer wurde er.[22]

Die deutsche Öffentlichkeit verweist bei rassistischer Polizeigewalt gerne selbstgefällig auf die USA, doch tatsächlich hat sie hierzulande eine lange Geschichte – von der deutschen Kolonialherrschaft über den deutschen Faschismus bis in die Gegenwart. Zivilgesellschaftliche Gruppen wie Death in Custody und KOP (Kampagne für Opfer rassistischer Polizeigewalt) machen diese Realität sichtbar und klagen sie an. Sie dokumentieren akribisch die Opfer von Polizeigewalt seit 1989 in der Bundesrepublik.

Seitdem haben deutsche Polizist*innen über 300 Menschen erschossen, viele dieser Menschen befanden sich in psychischen Ausnahmesituationen.[23] In 86 Prozent der Fälle von mutmaßlich rechtswidriger Polizeigewalt wird kein Strafverfahren eingeleitet, und wenn doch, landen nur zwei Prozent von ihnen vor Gericht.[24] Allein in Polizeigewahrsam sind seit 1990 mehr als 180 Menschen gestorben.

Die Todesumstände bleiben meist ungeklärt und unbestraft. Einer der bekanntesten Fälle ist der von Oury Jalloh, der aus Sierra Leone nach Deutschland geflüchtet war. Er wurde 2005 von Dessauer Polizisten in seiner Zelle angezündet und verbrannte, wie zahlreiche Expert*innengutachten belegen. Die Ergebnisse der Gutachten bleiben bis heute ohne juristische und politische Konsequenzen. Ein ähnlicher Fall ereignete sich 2018, als der aus Syrien geflüchtete Kurde Amed Ahmad in der JVA Kleve verbrannte. Dort saß er aufgrund einer angeblichen Verwechslung zu Unrecht in Haft. Seine Eltern und Aktivist*innen kämpfen bis heute um Aufklärung und Konsequenzen.

Auch hierzulande stellt die Mehrheitsgesellschaft immer wieder infrage, ob Opfer von Polizeigewalt zu verteidigen sind, insbesondere wenn es sich um rassifizierte Menschen handelt. 2020 nehmen acht Polizist*innen den 15-jährigen Schüler Kadir H. in Hamburg fest. Auch in diesem Fall filmt eine Beobachterin das Geschehen, sie versucht sogar einzugreifen. Immer wieder fordert sie die Polizist*innen auf, ruhig zu bleiben. Doch die Polizist*innen überwältigen den mit dem Rücken an die Wand gedrängten Kadir H., drücken ihn zu Boden. Kadir keucht: »Ich kriege keine Luft!« Hinter ihm an der Wand sind die Worte »Please, I can't breathe« gesprüht. Der Fall ereignet sich nur wenige Wochen nachdem der Schwarze US-Amerikaner George Floyd von einem Polizisten bis zum Ersticken misshandelt wurde.

Und obwohl sich zu dieser Zeit im Zuge der Black-Lives-Matter-Proteste ausnahmsweise auch die deutsche Öffentlichkeit für rassistische Polizeigewalt zu interessieren scheint, muss Kadir H. – und sogar sein Vater – in Interviews immer wieder beteuern, das eigentliche Opfer zu sein. Die Bild-Zeitung betitelt Kadir als

»Boxer«. Der Unterton lautet: Dieser große, türkeistämmige Junge ist von Grund auf aggressiv. Er kann kein Opfer sein.

Nur wenige Monate später, im März 2021, stirbt der 19-jährige Qosay Khalaf, ein geflüchteter Êzide, in Polizeigewahrsam. Er hatte im Park gekifft und wurde gewaltsam von Zivilpolizist*innen festgenommen, sie benutzten Pfefferspray. Qosay Khalafs Freund erzählte später als Augenzeuge – entgegen der Darstellung der Polizist*innen –, ein Beamter habe auf seinem Freund gekniet, dieser habe nach dem Pfeffersprayeinsatz um Luft gerungen, habe gleichsam um Wasser gebettelt, ein Sanitäter habe ihm die Untersuchung verweigert und unterstellt zu schauspielern. Dass dieser rassifizierte Körper hilfsbedürftig, verletzbar, schlicht menschlich ist, schien für die anwesenden Sanitäter*innen unvorstellbar zu sein.

Es stellt sich also die Frage: Wem wird immer schon von vornherein unterstellt, unverteidigbar, unschützbar zu sein? Und wer darf sich wehren, wessen Gewalt ist durch gesellschaftliche Annahmen sowieso legitim?

Die Beispiele von Rodney King, Kadir H. und viele andere zeigen: Das Recht auf Selbstverteidigung ist das Recht herrschender Institutionen und Menschen. Und so wird auch das Recht auf Hass und seine Gewalt nur denen zuteil – auch wenn sie in Gesetze und Normen gegossen verschleiert werden –, deren Gewalt seit jeher unterdrückend und zerstörerisch war: die vernichtende Gewalt gegen die ausgebeutete Klasse, gegen rassifizierte Menschen, queere Menschen und andere Unterdrückte.

Auch der Hass und die Gewalt folgen der Ökonomie der Herrschaft.

Dennoch frage ich mich – und es ist diese Frage, die mich gerade im zweiten Teil dieses Buchs antreibt: Gibt es einen Ausbruch aus diesem Teufelskreis, dieser Ökonomie, die alles und jede*n zu umspannen scheint? Wie lässt sich der Strick von den Hälsen reißen, wie lässt er sich in Flammen setzen und als Feuerspur zurück zu seinen Urheber*innen legen?

Wie lässt es sich selbstbestimmt hassen, den Hass neu stricken?

Ich hatte fünf Modi des Hasses versprochen. Ich habe vier vorgestellt: den Hass, der Unterdrückten zugeschrieben wird; den Hass, der systematisch durch die Herrschenden gesät wird; den Selbsthass und den Hass, der nicht sein darf, den es durch Sanftheit und Vorsicht um des eigenen Überlebens willen zu entschärfen gilt. Einen Modus des Hasses bin ich noch schuldig. Und eben jener oben erwähnte Hass, der Hass als selbstermächtigte Antwort auf die Unterdrückung, ist der fünfte Modus.

Ich weiß, eine widerständige Auffassung von Hass muss sich behaupten. Denn noch heute gilt, was dem Hass von römisch-katholischen über aufklärerischen und kolonialen bis hin zu bürgerlichen Erzählungen angedichtet wurde: der Hass als das Verpönte schlechthin, der Hass als das absolut Zerstörerische.

»Gehasst wird ungenau. Präzise lässt sich nicht gut hassen (...) Wer dem Hass mit Hass begegnet, hat sich schon verformen lassen, hat sich schon jenem angenähert, von dem die Hassenden wollen, dass man es sei.«[25] Das schreibt die Publizistin Carolin Emcke in ihrem Buch *Gegen den Hass*, eines der populärsten deutschsprachigen Essays der vergangenen Jahre. 2016 wurde es mit dem Friedenspreis des Deutschen Buchhandels ausgezeichnet. Die Schrift ist ein Plädoyer für eine pluralistische Gesellschaft, Emcke analysiert und positioniert sich darin gegen den Hass von Rechten, Pegida und Co.

Gegen den Hass kommt damals zur richtigen Zeit, denn ein großer Teil der deutschen Gesellschaft schweigt angesichts der rechten Gewalt, ein anderer großer Teil murmelt zustimmend. Doch zieht sich durch Emckes Buch eine Ablehnung von Hass und Hassenden als *das Andere* schlechthin. Dass auch Menschen, die etwa von Rassismus betroffen sind, hassen und nicht nur Objekte des Hasses sind, scheint undenkbar. Und wenn, wird diese Möglichkeit in biblisch anmutenden Mahnungen delegitimiert. Hass sei unpräzise, meint Carolin Emcke. Doch wie präzise sind Beschreibungen, die verschweigen, dass Hass genauso vielfältig wie die Hassenden selbst ist? Und dass dieser durchaus präzise verortet sein und legitime Beweggründe haben kann?

Im Januar 2022 besuche ich einen evangelischen Gottesdienst in Berlin. Er findet im Zeichen des Gedenktags an die Opfer des Nationalsozialismus statt. Die Pfarrerin und die Organisator*innen sind bemüht, nicht nur still der Opfer zu gedenken, sondern auch die Geschichten des Widerstandes zu erzählen. Vitka Kempner findet etwa Erwähnung, die einen deutschen Militärzug mit Dynamit sprengte und nach Kriegsende die radikale Rächer*innengruppe Nakam mitgründete. Oder der Dichter Hirsch Glik, der Vitka Kempner das Partisan*innenlied *Shtil, di nakht iz oysgeshternt* widmete, in dem er sie und ihre Waffe besingt. Er selbst starb im Kampf gegen deutsche Soldaten. Doch am Ende des Gottesdienstes geschieht das Erwartbare: Die Pfarrerin bittet den Herrn nicht nur um Frieden, sie verdammt auch jedwede Art von Hass und Gewalt. Und da will ich am liebsten von meinem Stuhl springen und brüllen: *Ulan*, hört ihr euch eigentlich selbst mal reden? Ich ahne zwar, dass die Mahnung der Gewaltlosigkeit nicht vordergründig den Überlebenden des deutschen Faschismus gilt, nicht dem Hass, der Rache, der Gegengewalt von Vitka Kempner. Doch das kann ich nur ahnen. Denn die Pfarrerin macht sich nicht die Mühe zu konkretisieren, welcher Hass und welche Gewalt genau vom Erdreich verbannt werden sollen. Der Anspruch der Predigt ist universell. Und das ist das Ergebnis, wenn sich die Auseinandersetzung mit Gewalt oder Hass in vagen Sonntagsreden verliert, wenn sie sich doch letztlich in der Perspektive der Täter*innen verfängt, ihren Hass als Maßstab voraussetzt: Sie wird unpräzise.

Denn auch bei Hass muss es um diese Fragen gehen: Wer hasst? Und warum? Und in welchen Macht- und Herrschaftsverhältnissen befinden sich diese Hassenden?

»Es ist aussichtslos, dem Rigorismus mit Rigorismus, den Fanatikern mit Fanatismus, den Hassenden mit Hass zu begegnen«, fährt Carolin Emcke in ihrem Essay fort. »Demokratiefeindlichkeit lässt sich nur mit demokratischen, rechtsstaatlichen Mitteln bekämpfen.«[26] In diesem Argument spitzt sich die Hufeisentheorie des Hasses zu: Der Hass ist von allen Seiten gleich schlimm.

Emcke setzt offenbar voraus, dass die rechte Gewalt, auf die es nun demokratisch zu antworten gilt, offenbar immer in Opposition zum Rechtsstaat steht. Und wir daher den Rechtstaat umso vehementer verteidigen und auf seine Mittel vertrauen müssen.

Doch gilt die Feindlichkeit der Rechten tatsächlich der Demokratie, dem Rechtsstaat? Gilt sie nicht oftmals jenen Menschen, die gerade eben nicht auf den Rechtsstaat hoffen können? Ist tatsächlich jeder rechte Angriff auf eine Asylunterkunft ein Angriff auf den Rechtsstaat, wenn es doch seine Institutionen sind, die geflüchtete Menschen dort zusammengepfercht haben? Institutionen, die mit Abschiebungen eben das fortsetzen, das die rechten Gewalttäter*innen mit ihren Angriffen bezwecken: Menschenleben von Grund auf erschüttern und zerstören.

Was hat der Rechtsstaat dieser scheußlichen Ungerechtigkeit zu entgegnen? Und überhaupt: Soll Rechtsstaatlichkeit das Gleiche sein wie Gerechtigkeit?

Das Hufeisenargument verschleiert, dass der Hass etwa von Menschen, die von rechter, rassistischer Gewalt betroffen sind, auch eine Antwort auf die Willkür eben jener liberalen Demokratien sein kann. Oder auf die Ungerechtigkeiten, die im Namen des demokratischen Rechtsstaats geschehen. Wollen wir uns auf ein System verlassen, in dem rassistische Gewalt nicht nur ein Zufallsphänomen ist, sondern ihm zugrunde liegt – durch Prinzipien von Nation und Zugehörigkeit, durch Abschiebungen, durch tödliche Grenzregime?

Die Hoffnung auf die demokratischen Mittel des deutschen Rechtsstaats hat sich für viele von Rassismus betroffene Menschen spätestens seit dem NSU-Komplex erledigt, der bis heute nicht aufgeklärt ist.

Wir haben keine Geduld mehr.

Ich will den Menschen, um die ich mich täglich sorge, nicht mit leeren Versprechungen begegnen. Ich weiß, dass dieser Rechtsstaat nicht existiert, um den zerschlissenen, ausgebeuteten Körper meiner Mutter zu schützen. Das weiß sie auch. Der Rechtsstaat hat garantiert, dass sie sich für den deutschen Wohlstand kaputtgearbeitet hat, der Rechtsstaat garantiert, dass sie dafür keine Rente bekommt, von der sie leben könnte. Der Rechtsstaat verspricht uns keine Zeit und keine Räume, in denen wir heilen und uns angstfrei einander zuwenden können. Die rechtsstaatlichen Mittel versprechen uns keine radikal zärtliche Gesellschaft, in der sich die Körper in ihrer Unversehrtheit und Vertraulichkeit begegnen.

Wir haben keine Geduld mehr.

Und gleichzeitig braucht es weiterhin Geduld, eine, die sich nicht aus Duldsamkeit, sondern aus Beharrlichkeit speist. Denn eine radikal zärtliche Gesellschaft bleibt ein Versprechen, das sich manchmal bereits in Zwischenräumen realisiert und dem es sich in der Breite Schritt für Schritt zu nähern gilt. Als Gegenmacht zum Status quo. Die Formen und Mechanismen der Unterdrückung sind zäh, erschütterungsfest, die Auseinandersetzung mit ihnen zermürbend.

Der Hass kann dabei helfen, sich nicht abzuwenden, nicht in die Gleichgültigkeit zu flüchten, die Welt und sich selbst nicht einfach konsumieren zu lassen.

Denn zwei Beobachtungen von Carolin Emcke stimme ich zu: Wer dem Hass mit Hass begegne, habe sich schon verformen lassen. Das stimmt. Menschen, die von Ausbeutung, Rassismus oder Queerfeindlichkeit betroffen sind – sofern man diese Unterdrückungssysteme *Hass* nennen möchte –, lassen sich unweigerlich von ihm formen, denn dieser Hass tadelt, verletzt und zerstört ihre Räume und Körper. Der Hass gegen diese Verhältnisse kann eine existenzielle Reaktion sein. Und hassen bedeute, so Carolin Emcke, nicht ignorieren zu können. Man müsse das

Gegenüber ernst und für voll nehmen und ihm eine mächtige Gefahr zuschreiben. Sich auf es fixieren.

Diese Fixierung ist entscheidend.

Denn neoliberale Gesellschaften verdammen Menschen nicht nur zu ständigem Konkurrenzkampf, in dem alles, was sie tun und sagen, mit einem Marktwert ausgestattet und gegeneinander aufgerechnet wird. Er produziert in diesem Sinne nicht nur Missgunst und, ja, oft auch seine eigene Form von Hass. Er produziert vor allem auch – und das erscheint mir noch gefährlicher – Gleichgültigkeit. Verachtung. Alles scheint austauschbar. Und es herrscht die tief sitzende Überzeugung, dass die gewohnten wirtschaftlichen, politischen Abläufe unveränderbar sind.

Der Hass kann in seiner Fixierung an dieser Gleichgültigkeit nagen, selbst wenn ich anerkenne, dass der Hass allein bei Weitem nicht reicht, um eine neue Welt zu gestalten. Doch er kann uns in seiner Hartnäckigkeit mahnen, durchzuhalten, nicht locker zu lassen, das zu zermalmen, was uns als Menschen beherrscht und einander fremd macht: Rassismus, das Patriarchat in einem brutalen, globalen Kapitalismus.

Der Hass als Korrektiv. Der Hass fixiert, der Hass erwartet.

Wer erwartet und Vorwürfe macht, hat noch nicht aufgegeben. Wer hasst, hat noch nicht aufgegeben. Der Hass kann das Versprechen sein, das ständige Unbehagen und Grollen um der falschen Harmonie willen nicht zum Verstummen zu bringen. Weil es zu einer derart hässlichen Welt kein friedvolles Schweigen geben kann.

Mir geht es im letzten Teil dieses Buches nicht – auch mit Blick auf die koloniale Geschichte des Hasses – um die abstruse Vorstellung einer angeblichen Rückkehr zur Natur des Hasses, wo wir uns von gesellschaftlichen Zwängen befreien und einfach mal so richtig unkontrolliert Dampf ablassen können, etwa als Menschen, die von Rassismus betroffen sind. Ich will nicht zurück zu dem vielbesagten Ursprung, zu einer Rohheit, zu der angeblich so wilden, irrationalen, unberührten, zerstörerischen Emotion, die vor unserer modernen Welt existiert habe. Das wäre nur eine Fortführung kolonialer Zuschreibungen – ein exotisierendes Bild, das rassifizierte Menschen eben als von Natur aus Hassende bestätigt.

Mir geht es im letzten Teil dieses Buchs um die Suche nach einem anderen, widerständigen Potenzial des Hasses. Ich nähere mich den unterschiedlichen Modi des Hasses, die sich mal bedingen, mal befruchten und mal in ihrer Gleichzeitigkeit gar nicht voneinander zu trennen sind. Ich richte die Scheinwerfer auf hassende Menschen und ihre vielfältigen wie widersprüchlichen Geschichten. Ich nähere mich dem Hass in Fragmenten, entlang von Zeitreisen und historischen Figuren, Anekdoten und kleinen Essays. Ich schreibe mich durch den Hass und um ihn herum. Ich lasse mich von Theorien, Ahnungen und Erfahrungen treiben, durch erzählerische Einbahnstraßen, Kreuzungen und Sackgassen. Ich versuche, das Unbehagen und den Groll zu sortieren.

Ich will nach anderen Geschichten des Hasses suchen, ihn wieder vermenschlichen. Und an einer anderen Geschichte schreiben. Ich weiß, dass ich sie nicht alleine zu Ende erzählen kann. Meine persönliche Suche beginnt und endet unweigerlich mit der Frage: Was muss mit dem Hass einhergehen? Welches *Gleichzeitig* ist geboten? Was muss mit und auf die Ermächtigung, die Selbstverteidigung, die Rache folgen? Was bedeutet Gerechtigkeit? Eine radikal zärtliche Gesellschaft?

Mit dem Nein des Hasses, dem Groll, müssen die vielen Jas zum Leben einhergehen.[27]

Vorhang auf.

HASSEN

ICH HASSE DAS LAND DAS EURES WAR
UND DAS LAND DAS UNSERES WURDE
DAS LAND DAS NIE EURES WIRD
UND DAS LAND DAS NIE UNSERES WIRD
WARUM ALSO FLÜSTERST DU IN DAS ENTZÜNDETE OHR
ICH SOLL DIE BÄUME BETRACHTEN?

Yahya Hassan,
»ICH LIEBE EUCH NICHT ELTERN ICH
HASSE EUER UNGLÜCK«

Ich übe tagelang. Mit meinen 155 Zentimetern baue ich mich vor dem Spiegel auf, der in der Mitte des Kleiderschranks fixiert ist, ein Dreitürer aus hellem Holzimitat, Poco-Klassiker, die Griffe klobig wie kleine, runde Kartoffeln. Künstliche Sonnenblumengirlanden ranken sich um die Wände des winzigen Zimmers, als würden sie böse Geister in Plastikblüten abfangen wollen. Ich bin zwölf Jahre alt. Ich sammle künstliche Sonnenblumen, Sonnenblumenkerzen, Sonnenblumengemälde, weil ein Mensch, der erwachsen werden will, keinen Diddl-Plüsch mehr sammeln kann. Mit einem Fuß stehe ich jedoch gleichsam noch in dem Zimmer mit dem Plüsch, mit dem anderen Fuß trete ich gegen die Türen in die Welt da draußen, die mir meine Eltern verschließen. Eine große Sonnenblumenblüte besteht aus bis zu 2000 Sonnenblumenkernen, 2000, das sind fast so viele wie die Krisen in meinem Teenieherzen. Ich bin die Protagonist*in meiner eigenen türkischen Soap-Opera. Und mitten in diesem Meer aus Gelb und Schwarz stehe ich vor diesem Spiegel, ich studiere die Winkel, Kanten und Rundungen meines Gesichts, ich biege die Augenbrauen, weite die Nasenflügel, ich presse die Lippen zusammen, schiebe das Kinn vor. Ich übe tagelang. Ich übe den Hass. Nächstes Mal, sage ich mir, nächstes Mal, wenn sie mich anschreit, werde ich nicht die Stimme erheben. Ich werde nichts sagen, was sie gegen mich verwenden kann, ich habe keine Worte, um mich zu verteidigen. Mir bleibt nur, mit Hass zurückzuschauen.

~

Jede Geschichte, auch jene des Hasses, braucht ihre Akteur*innen, ihre Protagonist*innen, ihre Namen. »Held*innen« will ich sie nicht nennen, klingt das nicht zu sehr nach Actionfilm und Individualismus? Aber ohne Menschen geht es doch auch nicht. Denn was ist der Hass ohne die Hassenden? Ohne die, die der Hass in die Isolation, und ohne die, die er in die Gemeinschaft führt? Manche tötet der Hass, andere sterben hassend. Manche leben durch den Hass und durch ihn hindurch, andere bieten dem Hass die Stirn, um durch die Kraft der Zärtlichkeit zu überleben. Oder tun sie manchmal nicht alles zugleich? Wie unzweifelhaft sind ihre Motive? Wie bekannt ihre Namen? Die Geschichten des Hasses sind ihre Geschichten. Und jede Geschichte hat eine Moral, heißt es, aber hat sie nicht manchmal auch zwei oder drei? Der Hass ist kein Märchen, der Hass ist ein Traum, keine Moral kann ihn bändigen. Aber auch das ist nur die halbe Wahrheit. Wie die Namen lauten, wer die Protagonist*innen sind? Nun ja, da bin erst mal ich. Und ich bin vieles, aber keine Held*in. Und da ist er, der, der Ilja Jakowlewitsch Lunew heißt. Seine Bekanntschaft schließe ich in den frühesten Anfängen meiner Suche nach Geschichten. Ilja, auch du bist kein Held, dein Name birgt keine Moral, er schreibt Tragödien, die von den Seiten dieses Buchs rufen. Wer du bist? Geduld, ich werde dich gleich vorstellen.

~

ŞK: Begrüßen Sie mit mir Karl Marx, der vor rund 140 Jahren verstorben ist. Was haben Sie diesmal zum Hass zu sagen?

KM: *@therealkarlmarx has blocked you*

~

Als Kind lernte ich, dass sich Einander-Hassen und Miteinander-auskommen-Müssen nicht ausschließen. Damals fuhren wir alle paar Wochen zu meinen Verwandten nach Holland. Dort lebte die ältere Schwester meines Vaters mit ihrem Mann, ihren sechs erwachsenen Kindern und einer exponentiell wachsenden Anzahl von Enkelkindern. Diese Familie war ein Phänomen. Ein Haufen lästernder, feindseliger Mäuler. Die Kinder meiner Tante, meine Cousins und Cousinen, hassten einander, sie hassten ihre Nachbar*innen, sie hassten ihre Kinder, und insgeheim hassten sie alle den Patriarchen, den Vater und Großvater der Familie, einen herrischen wie überheblichen Alten, der ihnen auf jede denkbare Art und Weise das Leben schwer machte. Der ihnen drohte und sie noch als Erwachsene schlug und gegeneinander aufhetzte. Ich sehe ihn noch heute auf dem Sessel thronen, grunzen und schmatzen, Fußball oder türkische Politsendungen schauend, selbstzufrieden, denn sein Regime der Angst erstreckte sich mühelos über Häuser, Straßen und Städte, über die sich seine Kinder verteilten. Der wählt die türkischen Faschos, verriet mir mein Vater, abfällig, aber auch er hielt die Füße unter dem Esstisch des Patriarchen still. Warum stürzen sie ihn nicht, fragte ich mich, warum verbünden die sechs ETs (so nenne ich meine Cousinen und Cousins, denn sie alle tragen Namen, die auf *et* enden) sich nicht? Es waren vielleicht die Klagen ihrer Mutter, ihr Blutzuckerspiegel, ich sehe sie noch heute eine Spritze nach der anderen in die Hüfte jagen. Es war sicherlich die Angst vor dem Tratsch der Nachbar*innen, und höchstwahrscheinlich waren es ihre Geldschulden, die sich bei dem Patriarchen anhäuften. Im Jahre 2000 explodierte in der Stadt eine Feuerwerksfabrik, die

Häuser und das gesamte Hab und Gut der Hälfte der Familie lag in Schutt und Asche. Das Einzige, was ihnen blieb, war der Stolz, das Gesicht meines Cousins durch die niederländischen Nachrichten flimmern zu sehen. Er hatte einen Nachbarn aus dem brennenden Haus gerettet. Sein Vater, der Patriarch, saß teilnahmslos auf seinem Thron und schmatzte.

~

Auf dem Heimweg von Holland murmelten meine Eltern immer erschöpft: *nerde çokluk orda bokluk*. Wo zu viele auf einem Haufen sind, dampft die Scheiße. Irgendwann dachte ich: Wo ihr den Alten nicht stürzt, dampft die Scheiße, seine majestätische Scheiße.

~

Vor vielen Jahren date ich einen Mann, wir treffen uns einige Monate in großen Städten und kleinen Hotels. Ich mag seine krumme Nase. Wir unterhalten uns auf Englisch oder Türkisch, Sprachen, über die er mit Gelassenheit regiert, anders als ich, das verunsichert mich bis ins Mark. Weil er meist schweigt und auskatert und die nüchterne Stille mich ängstigt, rede ich viel. Ich kenne die Sprachen, in denen ich spreche, aber nicht ihre Regeln, um meiner Erzählung Bedeutung zu verschaffen. Oft sage ich: »I hate« und vervollständige den Satz mit Nichtigem und Wichtigem. Oder: »I reeeally hate this.« Eines Tages entgegnet er, nüchtern, ganz nüchtern, ich solle aufhören, ständig zu behaupten, Dinge und Menschen zu hassen. Er sagt das in einer dieser Sprachen, die ihm so leicht von der Zunge gehen: So viel hassen kann ein Mensch doch gar nicht! Eigentlich meint er aber: Du bist kindisch, sei konkret, du nervst, dir fehlen die Worte.

Ich hoffe, jemand bricht ihm noch mal die Nase. Aber ich sage nichts.

~

Ich habe keine Worte, um mich zu verteidigen. Mir bleibt nur, mit Hass erfüllt zurückzuschauen.

~

Hass? Das ist aber ein starkes Wort!

~

Er ist schon als Wort eine Anmaßung, dieser Hass. Der schallende Vokal, dieses Zischen auf den Schlusslauten. *Hassssss*. Der Hass lässt sich nicht singen und auch nicht reimen. Nicht wie Wut und Gut. Der Hass als Wort pfeift ungelenk und feindselig, wie ein kalter, unbändiger Durchzug.

~

Ilja Jakowlewitsch Lunew ist der Name des Protagonisten aus Maxim Gorkis Roman *Drei Menschen*, ein Buch, das mir im Winter 2021 zufällig und über Umwege in die Hände fällt, als hätte es mich gesucht. Ich folge Ilja auf Schritt und Tritt dabei, wie er über Hunderte Seiten hinweg hasst, sein Hass ist die rohe wie verzweifelte Antwort auf die Ungerechtigkeit und Armut seiner Gegenwart zu Beginn des 20. Jahrhunderts in Russland. Sein Hass pendelt zwischen der Verachtung gegen sich selbst wie seinesgleichen, das ist für mich kaum ertragbar. Sie richtet sich jedoch auch gegen die Reichen und letztlich auch gegen die, die sich zwischen Armut und Reichtum eingerichtet haben, behaglich, genügsam, fleißig, kleinbürgerlich.

Bis zur letzten Seite, die Maxim Gorki geschrieben hat, und bis zur letzten Seite, die ich in diesem Buch schreibe, werde ich um Ilja bangen und hoffen, dass ihn sein Hass aus der Lähmung und Einsamkeit führt, dass er auf sein Nein zur Hässlichkeit der Gegenwart ein Ja zur Zukunft formulieren kann.

Doch am Ende werde ich um ihn trauern müssen, wie um einen alten Freund.

Ilja, der Hass wird zur Grundlage deines Seelenlebens werden, aber das weißt du noch nicht, du bist noch ein Neugeborenes, die Welt ist bereits jetzt nicht auf deiner Seite. Ich werde dich nun vorstellen, erzählen, wie du in einem russischen Dorf zur Welt kommst, das ihr schon bald verlassen müsst, als Ausgestoßene, dein Onkel Terentij und du. In der Stadt angekommen, findet ihr in einem Armenhaus Unterschlupf, dort wirst du aufwachsen. Das Haus gehört dem gierigen wie herrischen Petrucha, er betreibt eine Kneipe auf dem Hof. Dass Petrucha weiß, aus der Not der Armen Kapital zu schlagen, widert dich gleich an, für deinen Ekel brauchst du keine großen Worte und schweren Sätze, es reicht eine kindliche Ahnung vom erdrückenden Gewicht des Elends.

Du freundest dich mit dem alten Lumpensammler Jeremjej an, mehr noch: vertraust dich ihm an, gibst dich in seine Obhut. Ihr zieht gemeinsam durch die Stadt und sammelt Müll und auch brauchbare Gegenstände. Jeremjej wird bald sterben, und noch bevor er seinen letzten Atemzug macht, werden dein Onkel Terentij und der gierige Petrucha ihn bestehlen, als hätten sie nicht genug! Da beginnt er in dir zu gedeihen, der Hass.

»Noch mancherlei anderes bemerkte Ilja, und alles war häßlich und unerfreulich und stieß ihn mehr und mehr von den Menschen zurück.«[28]

Ilja, du, der du auch Lunew genannt wirst, beginnst Waren auf der Straße zu verkaufen, und eines Tages wird dich ein Polizist anhalten. Er wird dir in den Nacken schlagen, deinen Warenkasten umwerfen. Du wirst dich wehren wollen, der Polizist wird dich auf die Wache mitnehmen und dich bis zum Abend dort halten.

»Schon früher hatte Lunew kleine Konflikte mit der Polizei gehabt, auf der Wache aber hatte er zum ersten Mal gesessen, und zum ersten Mal empfand er in seinem Innern dieses bittere Gefühl der erlittenen Schmach und des Hasses.«[29]

~

Er hasste den Tod, er wollte leben. Er trickste die Götter aus, es gelang ihm, nach seinem Tod auf die Erde zurückzukehren, dem Totenreich zu entkommen. Er verbrachte viele glückliche Tage am Meer, bis der Götterbote Hermes ihm auflauerte und gewaltsam in die Unterwelt zurückbrachte. Dort erwartete ihn der Felsblock, sein Schicksal. Bis in alle Ewigkeit würde er ihn einen Berg hinaufwälzen und kurz vor Erreichen des Gipfels den Felsen wieder abrollen sehen. So lautet eine der mythischen Erzählungen um den tragischen Helden Sisyphos. Er ist auch der absurde Held des Philosophen Albert Camus, der ihm ein gleichnamiges Essay gewidmet hat, »[e]benso sehr aufgrund seiner Leidenschaften wie seiner Qual.«[30] Der Mythos des Sisyphos steht für Camus exemplarisch für jenes Handeln, das er als die Haltung zur Welt schlechthin und eine der wenigen »philosophisch kohärenten Positionen« begreift: die Auflehnung. »Sie ist eine ständige Konfrontation des Menschen mit seiner eigenen Dunkelheit«, so Camus. »Sie stellt die Welt in jeder Sekunde infrage.«[31]

Sisyphos ist sich demnach seiner ausweglosen Situation bewusst, er verbirgt sich nicht in sinnlosen Hoffnungen und bangt nicht um die Erlösung durch einen Gott. Er stellt sich der Strafe, die die Absurdität seines Daseins besiegeln soll. »Darin besteht die verborgene Freude des Sisyphos. Sein Schicksal gehört ihm. Sein Fels ist seine Sache.«[32]

Manchmal erzählen Opfer von Gewalt, Missbrauch und Unterdrückung, der Hass habe sie am Leben gehalten. Mehr noch: Der Hass sei ihr einziger Lebensantrieb geworden. Wenn es keinen Grund gab, an ein besseres Morgen zu glauben, dann gab es wenigstens den Hass. Jenes Brodeln, das aushalten und überdauern lässt, das blanke Überleben. Der Hass, der es ermöglicht, an den Verhältnissen, die sich zu einem Schicksal zu verfilzen scheinen, nicht vollends zugrunde zu gehen. Albert Camus schreibt: »Es gibt kein Schicksal, das durch Verachtung nicht überwunden werden kann.«

~

Der Hass der Aileen Wuornos hätte sie am Leben halten können. Vielleicht hat er das auch, eine Weile. Sechs Männer hat sie zwischen 1989 und 1990 ermordet, einen nach dem anderen hat sie aus dem Verkehr gezogen. Wortwörtlich. Die Männer wurden tot in ihren Autos aufgefunden. Als mutmaßlich erste weibliche Serienkillerin der USA ranken sich um ihre Person viele Mythen. Filme, Texte und Dokumentationen geben einen Einblick in ein brutales Leben von Armut, (sexualisiertem) Missbrauch, Alkoholkrankheit und psychischen Erkrankungen. Mehrmals hat Aileen Wuornos versucht, sich das Leben zu nehmen.

Aileen Wuornos war Prostituierte, in Büchern und Filmen wird sie als lesbisch beschrieben, zumindest lebte sie mit einer Frau zusammen. Es war ihre Partnerin, Tyria Moore, die mit der Polizei kollaborierte, um Aileen Wuornos festzunehmen. Sie hatte ihr die Morde gestanden, 1991 gelang die Festnahme. In Polizeiaussagen wie auch im folgenden Gerichtsprozess versuchte Aileen Wuornos sich zu erklären, immer wieder gab sie zu Protokoll, dass jedes ihrer sechs Mordopfer, jeder der sechs Männer sie bedroht, angegriffen oder vergewaltigt habe.

Auch deshalb scheinen die Erzählungen rund um Aileen Wuornos nur zwei Pole zu kennen: Die einen dämonisieren sie als lesbische Männerhasserin. Die anderen heroisieren sie als feministischen Racheengel, der mit tödlicher Gewalt zurückschlägt. Doch für mich erzählt der Fall Aileen Wuornos die Geschichte einer queeren Prostituierten, die von einem ausbeuterischen, patriarchalen Neoliberalismus Stück für Stück zersetzt wurde. Er erzählt, wie eine Gesellschaft eine Frau glauben ließ, dass es für sie keine Alternative zum Töten und zur Gewalt geben kann, Gewalt an anderen wie auch am eigenen Körper. Am Ende gab sich Aileen Wuornos den Todesstoß, nach elf Jahren in Haft erklärte sie 2001: »Es liegt kein Sinn darin, mich am Leben zu halten, denn ich würde auf jeden Fall wieder töten. Ich habe zu viel Wut, zu viel Hass in mir.« Aileen Wuornos wünschte sich die Vollstreckung des Todesurteils.

Ihr Hass hätte sie am Leben halten können. Aber sie hat vermutlich zwei Dinge gelernt: dass sie als hassender, traumatisierter

Mensch kein Recht darauf hat, zu leben, und sich als Frau opfern muss. Und dass ihr Hass sie zur vernichtenden Einsamkeit verdammt, auf alle Zeiten. Das ist die Tragödie der Aileen Wuornos. 2002 wurde ihr die Todesspritze verabreicht.

~

Amida. Auf diesen Begriff stoße ich in dem Buch *Widerstände* der Philosophin Iris Därmann.[33] *Amida*, das bedeutet im Hebräischen *aufrecht stehen*, *standhalten* oder *sich gegen jemanden erheben*. Der israelische Historiker Yehuda Bauer habe mit *amida*, die auch das Hauptgebet in der jüdischen Liturgie bezeichnet[34], die bewaffneten und unbewaffneten Formen des jüdischen Widerstands in den Ghettos beschrieben. Jener unbewaffnete Widerstand zielte nicht nur auf die Beschaffung von Nahrung ab (eine Methode war, Essen in Särgen zu verstecken, die nach Beerdigungen in das Ghetto gebracht wurden.[35]) Mit *Amida* habe Yehuda Bauer auch die sozialen, religiösen, kulturellen und politischen Widerstandspraktiken in den Blick genommen, so Iris Därmann, mit denen jüdische Menschen in den Ghettos der deutschen Vernichtungs- und Verfolgungspolitik begegneten: durch den verbotenen Aufbau von Schulen, Kindergärten, Waisenhäusern, Krankenhäusern, die Beschaffung von Kleidung und Medikamenten, durch die Veranstaltung von Konzerten, Theateraufführungen, Gedenkabenden. Selbst im Warschauer Ghetto gab es ab August 1944 tägliche Lesungen jüdischer Kämpfer*innen. »›Amida‹ zielte auf die ›Heilung des Lebens‹, auf die Bewahrung jüdischer Kultur und Würde, die Aufrechterhaltung einer elementaren Moral ›in einer völlig unmoralischen Welt‹.«[36]

~

Ein Zustand der permanenten Anspannung. Auf der Hut sein. Horchen, zurückziehen, voranschreiten. Tippeln, fast tänzelnd. »Der Kolonisierte ist immer auf der Hut, weil er die vielfältigen Zeichen der kolonialen Welt nur schwer entziffern kann«, schreibt Frantz Fanon in *Die Verdammten dieser Erde*. »Er weiß niemals, ob er die Grenze schon überschritten hat oder nicht.«[37] Der Versuch einer Vorahnung, der Versuch, die Gewalt, die sich zusammenbraut, zu wittern und sie zunächst mit möglichst geringem Schaden abzuwenden. Schmutzige Fürsorge, so beschreibt die Philosophin Elsa Dorlin diese Form der Aufmerksamkeit und Fürsorgearbeit, die zum Schicksal von Beherrschten und Unterdrückten zu werden scheint, *dirty care*.[38] Die Arbeit der Aufrechterhaltung in einer feindlich gesinnten Welt. »Man kann sie daher ebenso gut als langwährende Arbeit des Leugnens, Vermeidens, Entschärfens beschreiben«, so Dorlin, »als Abstand-Schaffen, (In-Sicherheit-Bringen), Flucht oder gar als Vorbereitung auf die Konfrontation und den Kampf.«[39]

Menschen, die *dirty care* ausüben, sind in einer widersprüchlichen Position: Einerseits sind sie Objekte der Herrschaft. Die Herrschaft gibt das Handlungsfeld vor, auf dem sie sich bewegen können. Denn um die ständige Alarmbereitschaft aufrechterhalten und die Gefahren der Zukunft verwalten zu können, müssen sie ihr Wissen permanent nach den Herrschenden ausrichten, sie minutiös studieren.

Und zugleich rührt aus dieser Erforschung die Überlegenheit der *dirty carer*: Sie wissen mehr über die Herrscher*innen, als es andersherum je denkbar wäre. Um es mit Dorlins Worten zu beschreiben: Um die eigene Haut zu retten, werden sie zu Expert*innen ihrer Unterdrücker*innen.

In dieser Auslegung kann *dirty care* als eine vorbereitende oder bereits ausführende Praxis des gewaltlosen Widerstandes betrachtet werden. Denn die Expertise der *dirty carer* lässt sie Zeiten und Räume erahnen und formen, in denen organisierter Widerstand möglich ist: für konspirative Treffen, für das Verfassen von Texten und Aufzeichnungen, für die Vorbereitung zur Flucht, für Sabotagen, für die eigene Regeneration.

Es ist eine Widerstandsform, die sich nicht in Widerworten, sichtbarer Verweigerung oder körperlicher Gegengewalt äußert und daher oftmals als passiv oder schwach verkannt wird. Die Philosophin Iris Därmann weist darauf hin, dass diese Einteilung zwischen aktivem und passivem Widerstand nicht wertfrei ist. Der vermeintlich passive Widerstand erfährt in der Regel eine Abwertung, denn er ist nicht der große, revolutionäre Knall.

Diese Einteilung gehe außerdem, so Därmann, mit der Einteilung räumlicher Sphären in private und öffentliche einher, in der das Private weiblich und das Öffentliche männlich markiert ist. Leise, gewaltlose Widerstandspraktiken und der Ungehorsam, der in häuslichen und privaten Räumen stattfindet – also abseits der öffentlichen Wahrnehmung –, sind dieser Hierarchisierung nach nicht in derselben Weise wirksam wie die politische Auseinandersetzung auf der Straße. Genauso wie die Gewalt in privaten Räumen in der Regel unsichtbar bleibt, werden so auch die täglichen kleinen Konfrontationen des Widerstandes, etwa gegen sexualisierte Gewalt in Partner*innenschaften, unsichtbar gemacht.[40]

Därmann interessiert sich aus diesem Grund für jene »flache[n] Widerstandsformen«[41], die in den Zwischenräumen stattfinden, oftmals im Verborgenen, zwischen dem Überleben und dem Suizid, Widerstandsformen, die nicht sichtbar explodieren, sondern das Alltägliche und die Routinen fast unbemerkt unterlaufen.

Auch für Elsa Dorlin verlaufen die Linien der Unterscheidung zwischen Formen der Selbstverteidigung nicht zwischen aktiv und passiv, stark und schwach. Sondern in einem unterschiedlichen Verständnis von Zeit und Geschichte. Der gewaltsame Widerstand fordert die Gegenwart in einer Art Explosion heraus, einem Aufprall, in einem Moment des Schocks, einer Revolution, die keinen Stein mehr auf dem anderen lässt.

Der gewaltlose Widerstand mit seinen unzähligen Strategien hingegen nimmt an, »dass die Kämpfe lange dauern«, er akzeptiert – zumindest temporär – die Gewalt, um sie und die Geschichte von innen auszuhöhlen, zu »bearbeiten«.[42] Elsa Dorlin schreibt: »Die Aktion der und mit Gewaltlosigkeit ist dann sehr mühsam, sie reibt die Körper, die daran beteiligt sind, ebenso auf wie die Geschichte.«[43]

~

Geduld. Doch wann ist sie ausgeschöpft?

~

Überleben, überdauern, aushalten wie Sisyphos. Doch reicht das? Soll es kein Leben ohne den Felsblock geben?

~

Die Gruppe um die jüdischen Kommunist*innen Marianne und Herbert Baum zählte rund 150 Mitglieder. Sie wuchs nach dem Verbot jüdischer Organisationen 1939, auch junge Zwangsarbeiter*innen schlossen sich ihnen an. Die Mitglieder organisierten in Berlin Bildungs- und Kulturveranstaltungen. Sie verteilten Flugblätter und vernetzten sich mit anderen Gruppen im Widerstand. Im Mai 1942 verübten sie einen Brandanschlag auf eine antikommunistische Naziausstellung. Nur wenige Tage später wurden die meisten von ihnen verhaftet und zum Tode verurteilt. Marianne Baum wurde am 18. August 1942 in Berlin-Plötzensee ermordet.[44] Herbert Baum erhängte sich im Polizeipräsidium am Alexanderplatz. Sie wurden 30 Jahre alt.

Die Gruppe Baum war nur eine von zahlreichen antifaschistischen Widerstandsgruppen. Laut Schätzungen waren mehr als 2000 Jüdinnen*Juden im aktiven Widerstand gegen den deutschen Faschismus.[45]

Der Widerstand kam auch nicht zum Erliegen, als die deutschen Faschist*innen ihre Vernichtungspolitiken verschärften, auch über Deutschland hinaus. Laut dem Historiker Jens Hoppe gab es in mindestens 50 Ghettos in Ost- und Ostmitteleuropa bewaffnete Aufstände und Ausbruchsaktionen.[46] Allein in Polen beteiligten sich zahlreiche jüdische Organisationen im Widerstand mit mehr als 1000 Menschen: von kommunistischen oder sozialdemokratischen über linkszionistische Gruppen, zahlreichen Jugendverbänden bis hin zu liberalen, konservativen und rechten Gruppierungen. Die Widerstandsgruppen waren so vielfältig wie ihre Widerstandsformen. Ähnlich sah es in den Vernichtungslagern aus. Obwohl sich dort oft verfeindete politische Lager gegenüberstanden, verband sie das Elend, der Widerstand, der Wille zum Überleben. Und ja, auch der Hass auf die Unterdrücker*innen.[47]

~

Es braucht nicht viel, um zu hassen. Es braucht kein Geld, keine Kirche, keine Institution, keine Infrastruktur. Ein Ritual vielleicht. Doch vor allem braucht es eine Erfahrung als ein Körper in der Welt. Wenn ich hasse, hört die Unterdrückung zwar nicht auf, aber meine Antwort kann sich verändern, meine Antwortmöglichkeiten.

~

In seinem Innern nämlich erkennt der Kolonisierte keine Instanz an. Er ist unterworfen, aber nicht gezähmt. Er ist erniedrigt, aber nicht von seiner Niedrigkeit überzeugt. Er wartet geduldig, daß der Kolonialherr in seiner Wachsamkeit nachlasse, um sich auf ihn zu stürzen. Die Muskeln des Kolonisierten liegen ständig auf der Lauer.[48]

(...) der Kolonisierte identifiziert seinen Feind, gibt allen seinen Missgeschicken einen Namen und wirft die ganze, bis zum Äußersten gereizte Kraft seines Hasses und seiner Wut in die Waagschale.[49]

~

Als die deutschen Faschist*innen im April 1943 mit der Liquidierung des Warschauer Ghettos beginnen, bricht der bewaffnete Widerstand aus, der sich lange im Verborgenen formiert hat. »Die Entscheidung, *sich* schließlich zu verteidigen, war nicht so sehr dazu da, eine Sache, ein Gebiet, ein Volk noch selbst eine Hoffnung zu verteidigen«, schreibt Iris Därmann. »Es ging damals darum, den Kampf dem Selbstmord vorzuziehen: Für die meisten Widerstandskämpfer ist der Selbstmord eine Vergeudung von Kugeln, die für die Nazis bestimmt sein sollten.«[50]

Daran erinnert sich Simcha »Kazik« Rotem, der als letzter Widerstandskämpfer im Ghetto gilt: Die Zahl der SS-Männer sei schier endlos gewesen, sie seien mit Panzern und schweren Waffen angerückt. »Plötzlich spürte ich, wie schwach wir waren. Wir hatten nur Pistolen und Handgranaten«, erzählt er. »Trotzdem blieb mein Kampfgeist unerschüttert. Endlich kam die Zeit, mit ihnen abzurechnen.«[51]

~

Der Kolonisierte, der beschließt, dieses Programm zu realisieren, sich zu seinem Motor zu machen, ist von jeher auf die Gewalt vorbereitet. Seit seiner Geburt ist es für ihn klar, daß diese sperrige, mit Verboten gespickte Welt nur durch absolute Gewalt in Frage gestellt werden kann.[52]

~

Noch verschwiegener als der Widerstand der Jüdinnen*Juden gegen den deutschen Faschismus ist jener der Sinti und Roma.[53] Dahinter steckt Ideologie wie Kalkül: Eine Anerkennung des Widerstandes hätte die Anerkennung des rassistischen Völkermords der Deutschen an den schätzungsweise 500 000[54] Sinti und Roma vorausgesetzt – und somit das Recht auf moralische wie materielle Entschädigung der Angehörigen und Nachfahren besiegelt. Eine Anerkennung, die die BRD lange verwehrte, ganz im Gegenteil: 1956 entschied der Bundesgerichtshof, alle Verfolgungsmaßnahmen der NS-Herrschaft gegen Sinti und Roma seien rechtlich zulässig gewesen. Sie seien nicht rasseideologisch zu begründen, sondern der vermeintlich eigenen »Asozialität« und »Kriminalität« der Verfolgten geschuldet.[55] Die Behörden aus dem deutschen Faschismus, die mit der Verfolgung der Sinti und

Roma beauftragt waren, wurden weitergeführt und kurzerhand umbenannt: In Bayern etwa hieß sie nun Landfahrerzentrale.

Die Anerkennung des Völkermords erfolgte erst 1982, nach jahrelangen massiven Kämpfen der Bürger*innenrechtsbewegung und der Gründung des Zentralrats Deutscher Sinti und Roma. Für viele Opfer des Porajmos, dem Völkermord an den europäischen Sinti und Roma, kam das nicht nur zu spät – sie mussten auch teils Jahrzehnte auf materielle Entschädigung warten. Sie stießen nicht nur bei der deutschen Bevölkerung, sondern auch bei den Behörden auf offene Ablehnung. Die zuständigen Kommunen versuchten, die Wiedereingliederung zu verhindern. Die Erbin des deutschen Faschismus, die Bundesrepublik, verwehrt bis heute systematisch in Europa verfolgten Sinti und Roma ein Recht auf Asyl.

In einem Land und auf einem Kontinent der Gewalt, der ihre Leben verwüstet und ihre Familien ausgelöscht hat, ist allein die Existenz der Sinti und Roma ein Akt des Widerstandes. Doch der Widerstand beschränkte sich bereits im deutschen Faschismus nicht nur auf das individuelle Überleben, nicht nur etwa auf Flucht und Untertauchen. Im Mai 1944 organisierte er sich im Vernichtungslager Auschwitz-Birkenau.

Die Gefangenen bewaffneten sich mit Messern, Spachteln, Brenneisen und Steinen, wie der politische Gefangene Tadeusz Joachimowski dokumentierte.[56] So gelang es ihnen, die geplanten Mordaktionen durch die Nazis um mehrere Wochen zu verzögern.

Auch in Osteuropa schlossen sich Roma den Partisan*innengruppen im Widerstand an, mehrheitlich in Jugoslawien, und auch in Italien kämpften sie gegen den Faschismus. Dort organisierten sie sich etwa in einem Partisan*innenbataillon, das ausschließlich aus Roma und Sinti bestand: die *Leoni di Breda Solini*[57], die Löwenbrigade. Laut Überlieferung des Roma-Centers, einer migrantischen Selbstorganisation in Deutschland, sind das die Namen einiger Widerstandskämpfer:

Giuseppe »Tarzan« Catter, Sinto-Partisanenheld, ausgezeichnet für Tapferkeit, von den Faschist*innen im Gebiet Imperia getötet, sein Kommando wurde nach ihm benannt; die Sinti-Partisanenhelden und Märtyrer Walter »Vampa« Catter, Lino »Ercole« Festini, Silvio Paina, Renato Mastini, erschossen am 11. November 1944 in Vicenza; Giacomo Sacco, Sinto-Partisan, der an der Befreiung von Genua teilnahm;

Giuseppe »Tzigari« Levakovich, Sinto-Partisan in der Brigade »Osoppo« in Friaul-Julisch-Venetien; Rubino Bonora, Sinto-Partisan in der Division »Nannetti« in Friaul-Julisch-Venetien; Amilcare »Corsaro« Debar, Sinto-Partisan, Staffel- und dann Partisanenkämpfer in der 48. Garibaldi-Brigade »Dante Di Nanni«; Vittorio »Spatzo« Mayer, Sinto-Partisan in Val di Non; Fioravante Lucchesi, Sinto-Partisan in der Division Armando von Modena;

Mirko Levak, Roma-Partisan, floh aus dem Vernichtungslager Auschwitz-Birkenau und schloss sich den Partisan*innen an.

~

FE: Şeyda, hier ist Friedrich, Friedrich Engels … Sorry, ich slide mal in deine DMs … Karl muss gerade noch von unserem gestrigen Saufgelage auskatern und hat gleich Spüldienst, diese Feministinnen geben neuerdings im kommunistischen Himmel den

Ton an ... Lass mich dir antworten ... der Hass ... Also ich kriege Hass, wenn ich in die Fabriken schaue! Unter welch militärischer Disziplin die Arbeiter schuften! Und wer Soldat gewesen ist, weiß, was es heißt, auch nur für kurze Zeit unter militärischer Disziplin zu stehen; diese Arbeiter sind aber dazu verdammt, vom neunten Jahre an bis zu ihrem Tode unter der geistigen und körperlichen Fuchtel zu leben, sie sind ärgere Sklaven als die Schwarzen in Amerika ...[58] Na gut, das ist vielleicht etwas kontrovers ... Die woke Bubble wird jetzt sicherlich ausrasten ... Und zugegebenermaßen war ich noch nie in Amerika ... Aber was ich doch sagen will: Von den Arbeitern wird auch noch verlangt, dass sie menschlich leben, menschlich denken und fühlen sollen. Wahrlich, sie können es wieder nur im glühendsten Hass gegen ihre Unterdrücker und gegen die Ordnung der Dinge, die sie in eine solche Lage versetzt, die sie zu Maschinen herabwürdigt.

~

Es braucht nicht viel, um zu hassen. Natürlich, es braucht ein Objekt, wie Carolin Emcke bereits feststellte. Ich meine, darin unterscheidet sich der Hass von der Wut, die manchmal auch ohne direkte*n Adressat*in wütet. Darin unterscheidet sich der Hass laut der Philosophin Hilge Landweer auch von der Verachtung, wie ich bereits im Prolog schrieb. Denn die Verachtung preist sich überlegen, weil sie sich von der Fixierung, dem Objekt abwendet. Der Hass gesteht sich ein, im Nachteil zu sein, wie ein ängstliches und doch störrisches Kind, er durchschaut sich selbst als eine ständige Zumutung. Es braucht nicht viel, um zu hassen. Es braucht die Fixierung. Und dann braucht es einen langen Atem.

~

Ich habe tagelang geübt. Und eines Tages habe ich sie angeschaut. Sie stand in meinem Zimmer, ich an der Wand. Sie hat mich angeschrien, da habe ich sie angeschaut. Mit Hass.

~

Ich kann nicht ein Leben lang vor Wut kochen, ich leide an einem Reizmagen. Aber ich kann ein Leben lang hassen.

~

Im Sommer 2021 liege ich an einem andalusischen Strand. Das Meerwasser ist zu kalt für meinen Geschmack, zu sauber, zumal fürs Mittelmeer. Der Sand aber, der ist perfekt, unzählige heiße Nadeln, die sich selbst in verhornte Fußsohlen bohren, klein, klitzeklein. In der Ruhe der Nachmittagssonne kriecht sie mir plötzlich unter die schwitzende Haut. Die Angst. Im Alltag weiß ich meist, sie in Rastlosigkeit zu ersticken, im Urlaub droht sie mich zu verschlucken. Ich kenne das Rumoren im Magen, die Übelkeit, das Dröhnen einer schlechten Vorahnung, meine Sinne sind orientierungslos. Die andalusische Sonne sticht, meine Fußsohlen verbrennen, vielleicht reinigt das Gewitter in meiner Brust die Luft, aber viel wahrscheinlicher reißt es mich in einer Flut davon. Ich suche nach Halt, finde ihn in einem Ratschlag, den ich in meinem Lieblingspodcast über Psychoanalyse höre: Ich soll mir einen Raum bildlich vorstellen, ihn in meinem Inneren materialisieren, in den ich mich in Momenten der Angst flüchten kann. Oder ich soll mir eine*n innere*n Begleiter*in ausmalen, die*der mich in solchen Situationen wohlwollend empfängt und beruhigt. Ich entscheide mich für Bugs Bunny. Ich kenne ihn so lange wie mich selbst, von sorgenfreien Samstagmorgen vor dem Fernseher auf der Couch, der treue

Gefährte einer Vierjährigen. Und wie mich seine Abgeklärtheit fasziniert! Er kaut auf seiner Möhre, und nichts scheint ihn beunruhigen zu können. Ich brauche kein Pathos, denke ich an diesem Tag am andalusischen Strand, keine elterliche Liebe, keinen warmen Schoß. Ich brauche diese verächtliche Gleichgültigkeit. Einige Tage komme ich gut mit Bugs Bunny aus. Er harrt in den Tiefen meines Bewusstseins aus und schmatzt mir seine Möhre ins Ohr, wenn es die Angst übertönen soll. Eines Nachts erscheint er mir dann im Traum. Bugs Bunny legt mir einen Strang um den Hals und zieht zu, zappelnd ringe ich um Luft. Ich ersticke. Bugs Bunny zieht den Strang immer fester und kaut weiter auf seiner Möhre herum, verächtlich und unbeeindruckt.

~

Meine Eltern pflegten ein großes Repertoire an Bestrafungsformen. Schreien, Verbote, doch die brutalsten gründeten auf Verachtung. Sie verachteten, indem sie nicht beachteten. Sie ignorierten, wochenlang, meiner Mutter gelang das besonders gut. Dann half weder Weinen noch Klagen, sie schauten durch einen hindurch. Diese krächzende Stille kratzte in den Ohren, tötete meine Sinne. Ich zweifelte, ob ich noch ein Mensch war. Zugleich war ich auf der Lauer, tippelte durch die Wohnung, horchte an den Türen, versuchte die Spuren zu lesen, die aus dem ewigen Zeitalter der Bestrafung führen würden. Aber da war nichts. Der Radar der Vorahnung lief ins Leere, es geschah nichts, kein Wort wurde gesprochen, das einen Hinweis auf den Verlauf der Zukunft hätte geben können. Meine Mutter behauptete dabei, kein nachtragender, kein gehässiger Mensch zu sein, nicht *kinci* zu sein, *Ben kinci biri değilim*, ich bin kein vergrämter Mensch. Es war einfach eine Frage des Anstands, nicht *kinci* zu sein, *kinci* war eine Beleidigung. *Kin*, der Hass, lässt sich Menschen vom Gesicht ablesen.

~

(ich versuche mir eine welt ohne bestrafung vorzustellen, ich weiß nicht, ob das geht, ich weiß nur, dass wenn ich hasse, dieser polizist in meinem kopf bellt, bestrafung, bestrafung, bestrafung)

~

Scar aus *König der Löwen*, Dschafar aus *Aladdin*, Hades aus *Hercules*, Ursula aus *Arielle, die Meerjungfrau* oder auch Cruella De Vil aus *101 Dalmatiner*: Diese Figuren haben nicht nur gemeinsam, dass sie als Schurk*innen in Disneyfilmen bekannt wurden, als sogenannte Villains. Sie vereint auch eine Form der Darstellung, die die Autorin Carmen Maria Machado in ihrem Memoir *In The Dream House* (dt. *Das Archiv der Träume*) aufgreift: Die Figuren sind – ob vorrangig männlich oder weiblich markiert – stark geschminkt, extravagant gekleidet, ihre Geschlechterdarstellung oft fluide, ihre Auftritte grenzen an Drag-Performances. Sie sind queer kodiert, für Carmen Maria Machado reihen sie sich ein in die lange Liste der Schurk*innen, die als »hinterhältig«, »grausam«, »humorlos«, »verdorben« und »durchgeknallte Homosexuelle« erzählt werden. Die Queer Villains. Und sosehr Carmen Maria Machado das Problem dieser Art der Repräsentation, dieses entmenschlichenden Klischees intellektuell begreife, so sehr liebe sie diese Figuren: »Ich liebe sie für ihre ästhetische Opulenz und theatralische Schadenfreude, ihre Fabelhaftigkeit, ihre Rücksichtslosigkeit, ihre Macht. Sie sind mit Abstand die interessantesten Charaktere auf dem Bildschirm. Schließlich leben sie in einer Welt, die sie hasst. Sie haben sich angepasst; sie haben gelernt, sich zu verbergen. Sie haben überlebt.«[59]

~

»Ich zerstörte weiße Babypuppen. Aber das Zerstückeln von Puppen war nicht das eigentlich Grausige. Das wahrhaft Entsetzliche war die Übertragung dieses Impulses auf kleine weiße Mädchen. Die Gleichgültigkeit, mit der ich sie hätte zerhacken können, wurde nun durch meinen Wunsch, es zu tun, erschüttert. Herausfinden, was mir entging: das Geheimnis des Zaubers, den sie auf andere ausübten. Was bewog die Leute, sie anzusehen und ›Ahhh!‹ zu sagen, aber nicht zu mir? Wie die schwarzen Frauen die Augen verdrehten, wenn sie sich ihnen auf der Straße näherten, mit welcher besitzergreifenden Sanftmut sie sie berührten, wenn sie mit ihnen umgingen. Wenn ich sie kniff, drückten sie vor Schmerzen die Augen zu – anders als die blöde[n] glitzernden Augen der Babypuppen –, und ihr Schrei war nicht das Quietschen einer Eisschranktür, sondern ein faszinierender Schmerzensschrei.«

– Claudia in *The Bluest Eye*[60] (Toni Morrison)

~

Es braucht nicht viel, um zu hassen. Und doch braucht es so viel, denn es braucht die Überwindung der Scham. Die Scham, hassend, gehässig, hässlich, rachsüchtig zu sein. Und dann, immer noch, braucht es einen langen Atem.

~

Der Hass macht hässlich, heißt es. Der Hass und die Hässlichkeit teilen sich sogar einen gemeinsamen Wortstamm – das Wort *hässlich* ist von dem Wort *Hass* abgeleitet und bedeutete ursprünglich *mit Hass erfüllt*. Oder einfach *hassenswert*. Hass und Hässlichkeit, das ist ein verrufenes Zwillingspaar.

Niemand will hässlich sein, demnach will niemand hassend sein. Niemand will verhasst sein, demnach will niemand hässlich sein.

Weil man glaube, das Böse sei hässlich, sei das Hässliche zweifach hassenswert, innerlich wie äußerlich, schreibt die Künstlerin Moshtari Hilal in ihrem Essay »Kommt auf die andere Seite der Scham!«. »Im europäischen Mittelalter hätte man ›Missetätern‹ die Nase abgeschnitten, um sie nachhaltig zu markieren. Gemäß der Erwartung: Wer Hässliches tut, hat hässlich auszusehen.«

Das Zweiergespann aus Hass und Hässlichkeit brauchte aber noch ein anderes Zwillingspaar, um in der westlichen Kultur- und Kunstgeschichte überhaupt Platz einnehmen zu können. Denn der Hass und die Hässlichkeit sind ein negativer Gegenpart. Sie sind das *Andere* zum Guten und zur Schönheit.

Die Hässlichkeit wie auch die Schönheit definieren sich aus dem Gegensatz zum jeweils anderen. Und beide Urteile erfordern ein absolutes Bekenntnis. »Wenn man nicht bereit ist, etwas hässlich zu nennen, kann man auch nichts als schön bezeichnen«, so die Schriftstellerin Susan Sontag.[61] Ohne die Hässlichkeit gibt es also keine Schönheit. Die Benennung des *Schönen* braucht in diesem Sinne zwangsläufig die Benennung des *Hässlichen*.

Dieser Dualismus richtet sich bereits in der Antike ein. Der Philosoph Platon betrachtete das Hässliche als Mangel an Harmonie und Proportioniertheit und somit als das Gegenteil des seelisch Guten. Das Hässliche ist also das, was stört und abweicht – von der Harmonie, von dem erstrebten Zustand des Seelenheils, der vollkommenen Ordnung. Es ist das absolut Negative. Das Hässliche ist in der platonischen Theorie sogar das, was gar keine berechtigte Existenz hat, nicht sein *darf*, weil es kein Teil der vollkommenen, übergeordneten Ideenwelt sei, wie es etwa der Philosoph Umberto Eco in seinem Buch *Die Geschichte der Häßlichkeit* skizziert.[62]

Die Bewertung von Hässlichkeit und Schönheit begrenzt sich also bereits in der platonischen Philosophie nicht darauf, bloß ästhetisch zu urteilen. Es geht nicht nur darum, welcher Anblick angenehm, reizvoll oder inspirierend ist. Schon damals stehen die Schönheit und Hässlichkeit in einer moralischen Hierarchie: Das Gute ist schön, das Böse ist hässlich. Die Logik dieser Rangfolge geht so weit, dass sie den Körpern und Dingen, die sinngemäß als hässlich gelten, eine wirkliche Existenz abspricht.

In der sozialen Realität kann das bedeuten: Das Hässliche und somit Hassenswerte als ständiger Störfaktor darf – ja muss vielleicht – eliminiert werden. Und es bedeutet, das vermeintlich Hässliche muss immer wieder sein Recht auf Existenz verteidigen und rechtfertigen, gerade in ausbeuterischen, kolonialen, rassistischen und patriarchalen Verhältnissen.

Die zugeschriebene Hässlichkeit kann dann etwa als Markierung eines Feindbildes funktionieren, das in Bildern, Erzählungen und unterschiedlichen kulturellen Techniken wie auch in den Wissenschaften immer wieder heraufbeschworen wird. »Eine 1893 veröffentlichte Studie untersuchte 271 weiße Frauen auf Wahnsinn«, führt Moshtari Hilal als Beispiel an, »und stellte fest, dass Frauen, von deren Wahnsinn ausgegangen wurde, mit größerer Wahrscheinlichkeit Gesichtsbehaarung hatten, die denen der ›minderwertigen oder primitiven Rassen‹ ähnelten.«[63] Frauen, die demnach wahnsinnig seien – also vermeintlich unnormal und ungesund –, verbinde ihre Behaarung, genauso wie Menschen der vermeintlich primitiven Rassen, die per se unnormal seien. Misogynie, Ableismus und Rassismus gehen Hand in Hand. Diese sogenannte Studie verbucht in der Verknüpfung von gleich mehreren entmenschlichenden, unterdrückerischen Stigmata eine Meisterleistung.

Die deutschen Faschist*innen entwickelten ähnliche Thesen, angelehnt an ihre Rassentheorien. Das Böse, das notwendigerweise seine eigene Vernichtung verlangt, müsse am Gesicht des (jüdischen, rassifizierten) Feindes abzulesen sein.[64]

In kolonialen Zusammenhängen markiert die Hässlichkeit ein rassifiziertes, entmenschlichtes Gegenüber, das keinerlei Sinn für Ästhetik und Kultur hat. Europäische Philosophen wie David Hume oder Immanuel Kant sprachen versklavten Menschen »jedes originäre intellektuelle Talent und jedes ästhetische Vermögen«[65] ab, schreibt Iris Därmann. Dies habe maßgeblich daran mitgewirkt, die Versklavten auf bloße Körpermassen zu reduzieren, die den Zwangsarbeits- und Ausbeutungszwecken zur Verfügung stehen.

In der Konsequenz hat das hässliche und hassenswerte Gegenüber keine Daseinsberechtigung. Beziehungsweise verhindert es seine Elimination nur dadurch, mit seiner Arbeitskraft den kolonialen Herrscher*innen dienlich zu sein. Und selbst dann ist das Gegenüber mehr Tier als Mensch. Ein Tier, das gebraucht, verachtet und zugleich gefürchtet wird.

Frantz Fanon erzählt von dieser Gewalt sehr ausdrücklich in *Schwarze Haut, weiße Masken*. Auf den französischen Straßen trifft er auf ein *weißes* Kind und seine Mutter. Anfangs noch scheinbar fasziniert von Fanons Anblick, beginnt das Kind zu zittern. Auch Fanon zittert, wegen der Kälte. Doch das Kind zittert, weil es in Fanon eine feindselige Kreatur zu erkennen glaubt. Das Kind glaubt, Fanon zittere aus Wut. Es glaubt, die wütende Kreatur wolle es aufessen. »Mein Körper kam ausgewalzt, zerteilt, geflickt zu mir zurück«, schreibt Fanon, »und ganz in Trauer an jenem weißen Wintertag.«[66]

Der Zuschreibung der Hässlichkeit muss also kein Mord folgen, um zu vernichten. Sie kann den markierten Körper auch Stück für Stück zersetzen, Blick für Blick, Erinnerung für Erinnerung, Erniedrigung für Erniedrigung, Trauma für Trauma.

Im ersten Teil dieses Buchs erzählte ich von María Dolores Vázquez. Ich versuchte an diesem Beispiel zu skizzieren, wie misogyne, queerfeindliche Stereotypisierungen lesbische Personen, die nicht im herkömmlichen Sinne feminin auftreten, auf hasserfüllte, rachsüchtige und unkontrollierbare Körper reduzieren. Ich schrieb auch über den Schwarzen US-Amerikaner Rodney King, der in Los Angeles von einem Dutzend Polizisten gelyncht wurde, die später vor Gericht freigesprochen wurden. Und ich schrieb von der Polizeikontrolle des 15-jährigen Kadir H. in Hamburg, den konservativ-rechte Medien später als gefährlichen Aggressor darzustellen versuchten. Rodney King und Kadir H. haben noch eins gemeinsam, das erwähnte ich noch nicht: Sie sind beide große, dicke, männliche Personen. Ersterer ist ein Mann, Letzterer ein Teenager, dem jedwede Form von Kindlichkeit und Unschuld abgesprochen wird. Die Abwertung und Dämonisierung ihrer Körper beschränkt sich nicht nur darauf, dass sie von rassistischen Körpernormen abweichen. Sondern auch dadurch, dass sie von rassistischen *Schönheits*normen abweichen.

Wer hässlich ist, ist in diesem Sinne eine ständige Bedrohung. Wer hasserfüllt aussieht, kann kein Opfer sein. Das bedeutet im Umkehrschluss aber auch: Wer schön ist, kann kein*e Täter*in sein. Auch deshalb ist die Auszeichnung der Schönheit ein derart umkämpftes Privileg.

Doch das ist nur die eine Seite der Wahrheit. Denn zugleich gerät die Schönheit zum Ende des 19. Jahrhunderts in Verruf, zumindest in der Kunst. »Mit dem Aufkommen des Relativismus im Bereich der Kultur gerieten die alten Urteile immer mehr unter Druck«, stellt Susan Sontag fest.[67] In diesen Zeiten politischen Aufruhrs sind die alten Wahrheiten und Prinzipien zur Verhandlung freigegeben. Und *bloß* schön zu sein oder Anforderungen der Harmonie zu erfüllen, scheint modernen Künstler*innen und Kritiker*innen ein zu konservativer Maßstab zu sein. Mehr noch: eine Beleidigung[68].

Etwas einfach schön zu finden, wird als primitives Urteil abgestempelt. Das neue Urteil erfordert Analyse, Vorwissen, Scharfsinn, Intellekt.

Wer Kunst nicht einfach mehr schön finden kann, kann sie auch nicht mehr einfach hässlich finden, sie *hassen*. Ein Zustand, gegen den die Autorin Nicole Zepter in ihrem Essay »Kunst hassen« (2013) austeilt: »Kunst hassen ist ein Tabu. Ein Verrat. Und er kommt in ungelenken Formen: populistisch, verallgemeinernd, laut und trotzig.«[69] Nicole Zepter plädiert hingegen für den Hass. Denn in ihm gäbe es kein Vielleicht. »Es ist die Pose des Dagegen. Sie hat keine Angst. Vor Niemand. Und dagegen sein ist gut. Gut für die Kunst. Denn Kunsthass ist keine Kunstkritik. Er ist die Kritik an dem Kunstsystem an sich.«[70] Die Institutionen, die Kunst produzieren und zeigen würden, hingen am Tropf des Marktes und der Einflussreichen, meint Zepter. Und das mache jede intellektuelle wie sinnliche Auseinandersetzung mit Kunst zunichte. »Denn die Institutionen verfügen eben nicht über das, was Kunst bedingt: kompromisslose Unabhängigkeit.«[71]

Ich zweifle, ob der Hass tatsächlich nur eine Pose ist, die keine Angst kennt, wie Nicole Zepter es schreibt. Ich etwa hasse und ängstige mich oft zugleich. Doch Nicole Zepters Forderung des Kunsthasses holt mich in der Hinsicht ab, dass dieser Hass eine klare Haltung erfordert – nicht nur zu der Kunst, einer Installation oder einem Gemälde. Er schärft bestenfalls auch den Blick für die Rahmenbedingungen, in denen Kunst produziert, vermittelt, verkauft und betrachtet wird. Der Hass kann ein Angriff auf das ökonomische Monopol sowie auf die Geste der Erhabenheit sein, mit der Aussteller*innen und Käufer*innen durch die Galerien und Museen schweben und die Werke vor jedem absoluten Urteil bewahren wollen.

Denn in einem hyperkommerzialisierten Kunstbetrieb orientiert sich das künstlerische Handwerk wie auch Produkt nicht an (moralischen, ästhetischen oder anderen) Maßstäben, die gesellschaftlich ausgehandelt werden. Beides folgt den Geldströmen. Die Kunst will dann weder politisch noch kulturell bewertet werden. Sie will Teilnahmslosigkeit oder verlegene Bewunderung. Und vor allem will sie gekauft werden.

Der Spätkapitalismus will keine eindeutigen Urteile. Er will eine möglichst große, austauschbare Kaufbereitschaft. Den Wert der Schönheit und von dem, was gut ist, bestimmt der Preis.

Auch indem die Schönheit von der Schönheitsindustrie einverleibt wurde, sei sie in Verruf geraten, beobachtet Susan Sontag. Schönheit werde nun als theatralisch und oberflächlich betrachtet, sie repräsentiere das Käufliche, Trügerische schlechthin. Und sie wird mit Weiblichkeit assoziiert, weil die Schönheitsindustrie vorrangig weibliche Personen adressiert. Und weil die Schönheit verweiblicht wird, wird sie umso mehr abgewertet.[72]

Und nach allgemeinen Maßstäben schön zu sein – und dazu weiblich –, kann bedeuten, mangelhaft zu sein. Nach einer Diskussionsrunde in einer TV-Politsendung (in der ich mich argumentativ doch ziemlich gut geschlagen hatte) erreichte mich die E-Mail eines Zuschauers, der sinngemäß kommentierte: Jaja, tolle Performance, freu dich! Aber der Moderator hat dir ja sowieso nur aus der Hand gefressen, weil du so hübsch bist! Er unterstellte nicht nur dem Moderator, auf Menschen wie mich zu stehen, sondern sprach mir auch jegliche intellektuelle Kompetenz ab.

Einerseits sollen alle schön sein – gerade (cis) weibliche Personen. Doch wenn sie dem Patriarchat zu unbequem werden, beweist ihre vermeintliche Schönheit nur wieder ihre Unzulänglichkeit.

Andererseits können nun (fast) alle schön sein, wenn sie sich den Anforderungen der Schönheits- und Fashionindustrie anpassen. Davon zeugt etwa, wie selbst ursprünglich widerständige, antikapitalistische Konzepte wie Body Positivity, die aus der Fat-Liberation-Bewegung hervorgegangen sind und von großen, Schwarzen, queeren Körpern initiiert wurden, von Konzernen geschluckt werden. Body Positivity ist zu einem Hashtag verkommen, einer Marketingstrategie, die sich Unternehmen wie H&M bis L'Oréal auf die Fahne schreiben. Und selbst *Germany's*

Next Topmodel, die Fernseholympiade der sexistischen Menschenfeindlichkeit, hat den Nutzen von Diversity für die Einschaltquoten entdeckt. Heidi Klums Abfälligkeiten dürfen sich in den neuesten Staffeln nun auch kleine, dicke, faltige Körper sowie trans Frauen gefallen lassen.

In diesem Sinne hat sich die Zuschreibung der Schönheit zwar demokratisiert, wenn auch dem Kapital zuliebe. Andererseits will kaum ein Mensch mehr *bloß* schön sein, auch in meiner Instagram-Filterblase nicht. Denn das wäre bloß hübsch. Und das wäre langweilig und oberflächlich.

Aber bedeutet das auch, dass Schönheit und Hässlichkeit ihre moralische Urteilskraft verloren haben? Dass die Schönheit nicht mehr gut und die Hässlichkeit nicht länger hassenswert ist?

In meiner Instagram-Filterblase können sich heute auch Gesichter und Körper in Szene setzen und auch vermarkten, die (kolonial)rassistischen, patriarchalen Schönheitsnormen nach noch vor wenigen Jahren als unmenschlich und wertlos gehandelt worden wären: (trans) feminine Gesichter, die behaart sind. Große, Schwarze Körper.

Doch erstens ist meine Instagram-Filterblase nicht der Maßstab aller Dinge, sie ist eben eine Blase und dazu eine recht kleine. Es sind immer noch diese Schwarzen, rassifizierten, großen, queeren Gesichter und Körper, die auf der Straße bespuckt, mit dem Tod bedroht und auf dem Arbeits- und Wohnmarkt sowie im Gesundheitssystem diskriminiert werden. Es sind immer noch diese Gesichter und Körper, die die gesellschaftliche Norm für viele Menschen zu bedrohen scheinen.

Studien zufolge ist die Wahrscheinlichkeit, einen Job zu bekommen, deutlich höher, wenn Bewerber*innen als gepflegt und attraktiv wahrgenommen werden. Normattraktive Menschen sollen außerdem bis zu 20 Prozent mehr Geld verdienen.[73] Sie werden in vielen Bereichen des sozialen Lebens bevorzugt.

Die Marker von schön und hässlich mögen zwar heute widersprüchlicher und mehrdeutiger sein, das bedeutet jedoch nicht, dass sie gänzlich ihre Wirkkraft verloren haben. Manchmal treten sie auch in einem anderen Gewand auf. Statt *schön* heißt es vielleicht *attraktiv*, *smart* oder neuerdings *cute*. Ein smarter Mensch ist kreativ, beliebt und erfolgreich. Er schwebt in Leinenhosen durch das Start-up-Büro und anschließend durch die Galerie an der Straßenecke, wo er sich teilnahmslos moderne Kunst anschaut. Er repräsentiert das, was erstrebenswert ist – die vollkommene, ungestörte Ordnung der Harmonie.

Doch wie lassen sich diese Bewertungsmuster überwinden? Kann man den Blick verlernen, der das Gegenüber verhässlicht? Soll der Blick umgelenkt oder abgelegt werden? Wie können die Menschen, deren Gesichter und Körper als hässlich verschrien und gefürchtet wurden, sich gegen diese Entmenschlichung behaupten?

Künstler*innen wie Alok Vaid-Menon, Mx. André Terrel Jackson, Enam Asiama, Kezia oder Moshtari Hilal erproben jene widerständige Auseinandersetzung mit dem, was als hässlich gilt: Sie zeigen und zeichnen sich in ihren behaarten großen Körpern, großen Nasen und kantigen Gesichtern, um nicht nur herrschende Bilder von Schönheit, sondern auch Vorstellungen von Geschlecht und Identität zu stören, um »auf die andere Seite der Scham zu gelangen«, wie Moshtari Hilal schreibt.[74]

Vorstellungen von Schönheit und Hässlichkeit ständig zu unterwandern und zu zersetzen, ist essenziell. Gerade in der Kunst. Und zugleich wird ein rassistischer, patriarchaler Kapitalismus, der darauf fußt, Menschen im In- und Ausland zu hierarchisieren und zu entmenschlichen, um sie zu bekriegen oder für Profit dienlich zu machen, immer wieder neue Richtschnüre flechten, um einzusortieren: in smart und faul, nützlich und nutzlos, in friedvoll und bedrohlich, in menschlich und tiergleich. Gut und Böse. Die Kreativität der Zerstörung ist sein Wesen. Und die Schönheit und die Hässlichkeit ist nur ein Zwillingspaar von vielen.

Wenn es etwas von Grund auf Hässliches und Hassenswertes gibt, dann ist es dieses System der Gewalt.

~

KM: Na gut ... Hab gerade Spülpause ... Also hör zu ... Das Geld hat die Macht! Ist doch klar! DAS GELD HAT DIE MACHT ÜBER ALLE DEFINITIONEN, es hat die Macht, alle Beziehungsformen in ihr Gegenteil zu verkehren ... Es verwandelt die Treue in Untreue, die Liebe in den Hass, den Hass in Liebe, die Tugend in Laster, das Laster in Tugend, den Knecht in den Herrn, den Herrn in den Knecht, den Blödsinn in Verstand, den Verstand in Blödsinn.[75]

~

I reeeally hate writing books, it makes me sick. It's not about the writing itself. I hate creating under the pressure of time, marketing and consumability.

~

HASS. Jemand hatte »HASS« auf den Zettel geschrieben, in Großbuchstaben. Sie peitschten mir am Ausgang der Kunsthalle Mannheim aus einem Meer der Worte ins Gesicht. Ich hatte mir die Ausstellung *MUTTER!* angesehen, das war im Herbst 2021, lange her, doch ich denke noch immer an die Kühnheit dieses Zettels, die hässlichen und rohen Buchstaben. An die Ausstellung denke ich kaum noch. Historische und zeitgenössische Werke beschäftigten sich darin mit Realitäten und Vorstellungen von Mutterschaft, traditioneller Mutterschaft, queerer Mutterschaft, prekärer Mutterschaft, ungewollter Mutterschaft. Es war eine sperrige Ausstellung, gewollt divers, wie nach einem Lehrbuch, ohne große Visionen. Sie störte nicht, verstörte nicht, erregte nicht, fesselte nicht, entzündete nichts, gar nichts. Sie brauchte Text, zu viel Text, um sich zu erklären. Aber da war dieser Zettel. Er war einer von Hunderten, die die anderen Besucher*innen hinterlassen hatten, sie waren aufgefordert, am Ausgang ihre Eindrücke zur Ausstellung zu teilen. Ein Mensch wollte vier einfache Buchstaben hinterlassen: HASS. Ich staune. Hass? Na gut, die Ausstellung war vielleicht nicht der große Wurf ... aber sie gleich hassen? Immerhin haben da Menschen Arbeit reingesteckt ... aber gleichzeitig ... diese sterilen Räume, das Publikum ... Diese Ausstellung ist für reiche Schwaben gemacht ... Na gut, ich hasse die Ausstellung auch! Für mehr Hass im Kunstbetrieb!!! Oder warte mal ... Hasst die Person vielleicht gar nicht die Ausstellung? Meint sie ... Meint sie Mütter? Hass auf Mütter? Die eigene Mutter?? Nun ja, die Person wird schon ihre Gründe haben, aber, aber, ama, of *ya, anam, bu almanlarda çok nankör.*

~

Ich kannte keinen nachtragenderen Menschen als meine Mutter. Lange trug ich ihr das nach. Und erst viele Jahre später begann ich zu ahnen, dass nachtragend zu sein, nicht nur bedeutet, den Hass bei sich zu tragen, den man nicht ablegen will oder kann, sondern von den Stimmen der Vergangenheit getragen zu werden, die immerzu flüstern, dass es kein *Nach* geben kann. Die Trage, die eine Welt ist, die keine Gegenwart und Zukunft kennt, sondern nur die Wiederholung, und sich Trauma nennt.

~

(ich versuche mir eine welt ohne bestrafung vorzustellen, ich weiß nicht, ob das geht, ich weiß nur, dass wenn ich hasse, dieser polizist in meinem kopf bellt, bestrafung, bestrafung, bestrafung)

~

In der Kulturgeschichte gäbe es dieses tiefe Bedauern, dass Schönheit vergänglich und nicht dauerhaft sei, es stecke etwa in den Sonetten von Shakespeare, schreibt Susan Sontag. Eine andere – oftmals religiöse – Betrachtungsweise hingegen verorte die Schönheit in der Tiefe, nicht an der Oberfläche: »Manchmal ist sie verborgen und gerade nicht offensichtlich, sie ist tröstlich, nicht verstörend, sie ist unzerstörbar wie in der Kunst und nicht kurzlebig wie die Natur. Schönheit – in ihrer erhabenen Spielart – ist dauerhaft.«[76] Das Kurzlebige müsste demnach dann das Hässliche sein, das Hassenswerte, der Hass. Doch wissen diese klugen Leute nicht, dass man ein Leben lang hassen kann?

~

Meine Mutter ist ein nachtragender, sehr schöner Mensch.

~

Da habe ich sie angeschaut, mit Hass. Die Härte wich schlagartig aus ihrem Gesicht, ihre Augen füllten sich stattdessen mit Entsetzen. Sie stammelte: »Was schaust du mich so an? Voller Hass!« Und dann ist sie aus dem Zimmer geschlichen. Ich erinnere mich, dass ich triumphierte. Aber ich erinnere mich nicht mehr, ob die Türe, die Türe nach draußen, nach diesem Tag wie gewohnt verschlossen blieb. Oder hatte sie sich einen Spalt geöffnet?

~

In meinem Tagtraum büxe ich aus und gehe mit Scar, Dschafar, Ursula und Cruella De Vil auf Hasenjagd. Bugs Bunny, nimm dich in Acht.

~

Ilja, die Enge und der Schmutz des Armenhauses stoßen dich ab. Physischer Ekel. Deine Welt wird immer enger, sie schnürt dir die Kehle zu. Eines Tages sitzen deine Hände an der Kehle eines alten Wucherers, der dir deine Geliebte gestohlen hat, das sichere Leben, das Geld hat sie gelockt, wer könnte es ihr verübeln, der alte Wucherer hat sie gestohlen, so empfindest du zumindest, und vielleicht hast du recht, wenn du glaubst, sie vorher besessen zu haben, das ist eine Welt, die Frauen besitzt, du könntest dir die Hände genauso gut an die eigene Kehle legen und zudrücken.

»Voll Haß und Grauen sah er, wie die trüben Augen Polutektows immer größer wurden, und immer leidenschaftlicher, wilder würgte er ihn.«[77]

Sein Geld wirst du nehmen, Diebstahl gegen Diebstahl, danach wirst du vergessen wollen, in der Sauberkeit und Ordnung eines bürgerlichen, anständigen Lebens, weg von der Straße, das Geld ist deine Rettung, wer will schon ewig mit der Nase im Schmutz wühlen. Du wirst das andere Leben suchen, du wirst es finden. Aber, Ilja, es wird dich nicht retten.

~

Als Kind war ich völlig berauscht von dem Frieden, der mich in den Familien meiner deutschen Freund*innen umhüllte. Die Eltern waren Lehrer*innen oder Ärzt*innen, sie brachten nach ihrem Arbeitstag die Kraft mit nach Hause, sich nach ihren Kindern zu erkundigen, beim Abendessen schlürften sie genüsslich ihren Dornfelder. Sie brüllten selten, zumindest nicht in meiner Gegenwart, ich habe nie mitbekommen, wie sie versuchten, ihre Kinder zu erpressen oder zu erniedrigen. Die Kinder schienen sich ihre Eltern nicht regelmäßig tot zu wünschen. Das schien mir höchst befremdlich. Es war wie eine Welt aus rotweintrunkener Zuckerwatte. Doch über die Jahre ist der Zucker vor meinen Augen geschmolzen, die Watte hat sich verfilzt. Ich habe hinter dem Schein der Harmonie die verkorkste Disziplin und Sprachlosigkeit gesehen, mit der diese Menschen miteinander auskommen. Das geheuchelte Interesse. Bloß nicht anecken, bloß kein Drama, bloß nicht den Hausfrieden stören. Auch diese Kinder haben die Füße unter dem Tisch still gehalten, aus Trägheit, aus Angst, weil die Eltern ihnen die Miete zahlten, weil ihnen das Erbe winkt. Die Herrschaft wirkt auch in diesen Häusern gnadenlos. Ich weiß nicht, was besser ist: Familien, die ihre Konflikte und Gewalt in den porösen Tiefen der Wattehaut versenken, bis sie von innen schimmelt wie ein modriger Baum. Oder die sich streiten, manchmal mit Hass, wo die Gewalt an die Oberfläche dringt und nicht mehr übersehbar ist. Ich weiß, dass es in traditionellen Kernfamilien keinen absoluten Frieden geben kann. Ich zweifle daran, dass es ihn geben sollte. Denn da ist dieser Tisch, alle wollen an diesem verdammten Tisch sitzen, alle müssen an dem Tisch sitzen, wo bekämen sie sonst ihr Essen? Der Tisch hat vier stabile Beine, zu stabil, um sie einfach wegzutreten, und der Tisch macht die Beine unsichtbar, die unter ihm widerspenstig zappeln. Ich glaube, dass die Gewalt in den Bedingungen der bürgerlichen Familie steckt: Kinder als Privateigentum. Und dabei muss nicht einmal ein schmatzender Patriarch thronen. Die Familie steht in einem patriarchalen Kapitalismus immer unter ungerechten Vorzeichen der Hierarchien und ökonomischen Abhängigkeiten. Menschen brauchen einander. Aber diese Menschen brauchen sich, ohne einander je ausgesucht zu haben. Die Kinder sind Schuldner*innen, sie haben ihren Tisch und ihre Gläubiger*innen nicht selbst gewählt.

~

Es gibt einen Satz, der mir oft auf der Zunge liegt, und ich spreche ihn fließend: Friede, Freude, Eierkuchen. Denn wir sind eine Friede-Freude-Eierkuchen-Gesellschaft. Hartz-IV heißt jetzt ganz elegant Bürgergeld? Friede, Freude, Eierkuchen! Im Jahre 2021 gab es rund 12 000 Abschiebungen, elf Prozent mehr als im Vorjahr, aber dafür ist unsere Polizei so divers wie nie? Friede, Freude, Eierkuchen! Die Streiks des Pflegepersonals in den Krankenhäusern werden mit Ignoranz und Naserümpfen quittiert, aber an den Applaus von den Balkonen während der Corona-Ausgangsbeschränkungen erinnert man sich gerne zurück – und dazu auch noch das tolle Geigenkonzert des Nachbarn, hach! Friede, Freude, Eierkuchen! Wir sitzen doch alle im selben Boot! Friede, Freude, Eierkuchen! Seitdem ich keine Nachrichten mehr lese, geht es mir viel besser! Friede, Freude, Eierkuchen! Weil ich mich ums Klima sorge, runde ich bei Flugbuchungen auf, um für Bäume in Afrika zu spenden. Mir gehört bald ein eigener Wald! Friede, Freude, Eierkuchen!

Kaum eine Redewendung beschreibt die Gefühlskultur spätkapitalistischer Gesellschaften besser als dieses Dreigespann. Friede, Freude, Eierkuchen, ich könnte es auch übersetzen in: Ordnung, Verdrängung, Konsum. Die Formel der vollumfänglichen Entfremdung, die Flucht aus dem bedrohlichen Außen ins Private, eine Welt, die in lauter Transaktionen gegossen wird. Eine Friede-Freude-Eierkuchen-Gesellschaft pflegt eine Beziehung zur Gegenwart, die sie nicht nur als alternativlos, sondern auch als bestmögliche behandelt: eine Gegenwart der Höflichkeiten, symbolischer Gesten, steril und überschaubar, ein Zustand des Burgfriedens, der Schlimmeres verhindern soll: das hässliche, brutale Chaos.

Friede, Freude, Eierkuchen ist die Formel des kosmetischen Friedens. Liberale, demokratische Gesellschaften seien laut landlaufiger Darstellung *befriedete* Gesellschaften, schreibt Achille Mbembe in *Politik der Feindschaft*. »Brutalität und physische Gewalt, so heißt es, seien dort zwar nicht verschwunden, würden aber beherrscht (...) An die Stelle der körperlichen Gewalt sei die Macht der Formen getreten. Die Regulierung des Verhaltens, die Beherrschung des Benehmens, die Verhinderung von Unordnung und Gewalt erfolgten nun über allseits akzeptierte Rituale.«[78]

Demokratische befriedete Gesellschaften zeichnen sich durch ein kollektives Streben nach einer Ordnung der Harmonie aus, das ist zumindest ihr Selbstverständnis. Das soll sie von sogenannten (etwa kolonialen) Kriegergesellschaften unterscheiden, in denen angeblich keine Regeln und kein Dialog, sondern die zügellose körperliche Gewalt über Richtig und Falsch entscheidet und somit das Recht der Stärkeren besiegelt. Befriedete Gesellschaften verstehen sich in diesem Sinne als Gegenentwürfe zum absoluten moralischen Zerfall.

Das Menschenbild, bereits aus kolonialen Zusammenhängen bekannt, scheint eindeutig: Der Mensch ist von Natur aus egoistisch und gewalttätig. Deshalb muss das Gewaltmonopol in staatlicher Hand liegen. Und nur durch die Verinnerlichung seiner Zwänge kann die zwischenmenschliche Gewalt in beherrschbare Bahnen gelenkt werden.[79] Das Aggressionspotenzial existiert zwar noch, aber es soll kanalisiert werden, etwa mit Worten und Gesetzen vor einem Gericht ausgefochten. Im besten Falle ersticht niemand mehr einen anderen Menschen aus Rachsucht auf der Straße, zumindest ist das nicht die gesellschaftliche Norm. Doch man ist gut beraten, misstrauisch zu bleiben. Denn nur die Aussicht auf eine Strafe und auch die Verinnerlichung von Regeln, Tadel oder kulturellen Bildern, die (Selbst-)Beherrschung von Körpern, soll die Gewalt verhindern – oder wie es Frantz Fanon formuliert: »die allgemein ermunterte Liebe zur Eintracht und zur bürgerlichen Bravheit.«[80]

Friede-Freude-Eierkuchen-Gesellschaften beanspruchen, die allgegenwärtige Gewalt durch ihre Ordnung zu ersticken. Die Gewalt, die im Stillen weiteratmet, soll nicht gehört werden. Dann braucht auch niemand nach deren Wurzeln zu graben, die sich im Dickicht der Formeln und Floskeln verbergen.

Die Befriedung garantiert herrschenden Klassen auch eins: den Schutz des Eigentums, genauso wie sie den Schutz der freien

Märkte garantiert, als Spiegelbild einer vermeintlich harmonischen Gesellschaft im Gleichgewicht. Eine Gesellschaft als Markt, die sich selbst reguliert. Funktioniert jede*r für sich, funktionieren alle.

Und gleichzeitig genießen viele Formen der offenen, eigentlich unrechtmäßigen Gewalt Toleranz und Unterstützung, auch von staatlicher Seite – solange sie etwa nationalen, militärischen Sicherheitsinteressen dienen. »Die Vorstellung, wonach das Leben in Demokratien grundlegend friedlich, geordnet und frei von Gewalt (einschließlich Krieg und Verwüstung) sei, vermag einer Überprüfung kaum standzuhalten«, so Achille Mbembe.[81]

Ein Beispiel sind die ultranationalistischen bewaffneten Milizen, die sich in osteuropäischen Ländern wie Polen formieren. In Deutschland hat der Verfassungsschutz jahrzehntelang eine faschistische, mörderische Szene gewähren lassen, mehr noch: durch V-Männer mit Infrastrukturen und Geld gefördert. Aus diesen Strukturen ging später unter anderem der terroristische NSU hervor.

Bekanntermaßen ist auch an anderer Stelle die Toleranz befriedeter Gesellschaften gegenüber Gewalt immens. Wenn sie etwa außerhalb der eigenen Staatsgrenzen stattfindet, an den europäischen Außengrenzen oder an imperialen Kriegsschauplätzen.

Die Gewalt ist ausgelagert, in rotweintrunkener Zuckerwatte versteckt, gedämpft.
Wir sind eine befriedete Friede-Freude-Eierkuchen-Gesellschaft.

~

BÜRGERLICHE KLEINFAMILIEN SIND BEFRIEDETE GESELLSCHAFTEN

~

Ich träume: Ich bin in der Türkei, in Alanya oder Mersin, in einer der Küstenstädte. Das ahne ich, weil die Luft in der Wärme flimmert, die Grillen zirpen, die Palmen ruhen, es weht kein Wind. Eines Tages steige ich aus der Wohnung hinunter in den Garten, mehr noch, ich schwebe durch den warmen Dunst. An einem Tisch entdecke ich meine Verwandten, sitzend im Kreis, inmitten von ihnen meine Mutter. Ihre Augen sind verbunden, ihre Hände gefesselt. Mein Atem gefriert und sticht bei ihrem Anblick, als wären mir Eiszapfen in die Lunge geschossen. »Was ist passiert?«, stottere ich. Und meine Mutter erzählt, ein wenig belustigt, ein wenig teilnahmslos, sie sei auf der Straße einem Bekannten begegnet, der Stress mit den Ordnungskräften gehabt habe. Sie habe ihn in Schutz genommen, einer Beamtin in Uniform habe das gar nicht gefallen. Sie habe meine Mutter unter eine Palme gezerrt und ausgepeitscht. Da entdecke ich die Striemen auf ihrem Gesicht und auf ihren Armen. Ich beginne zu schluchzen, ich bebe, mich überkommt die schrecklichste Verzweiflung. »Wer war das?«, tobe ich. »Wer war das? Wer war das?« Meine Verwandten schweigen, weichen meinen Blicken aus, drucksen herum, versuchen mich zu beschwichtigen. Meine Verzweiflung verkommt zu Hass, blankem Hass, der sich mit Ekel vor der Untätigkeit meiner Verwandten mischt, ich will sie mit Worten vernichten, und da fällt mir nichts anderes ein als: »Ich hasse ... Ich hasse dieses Land!« Für einen Moment meine ich zu triumphieren, das wird sie treffen, davon bin ich überzeugt, das wird sie mehr treffen als jedes Schimpfwort! Doch stattdessen entgegnen sie: »Jaja, natürlich! Völlig zu Recht!« Sie stehlen mir meinen Hass aus der Hand und stülpen ihm ihre Unehrlichkeit auf. Wie können sie mir beipflichten, wenn sie doch schweigend dasitzen? Wie können sie sich auf der Seite der Guten wähnen und meinen Hass bestätigen? Ich wollte sie mit meinem Hass verletzen, doch sie haben mich entwaffnet und einsam zurückgelassen. Sie haben meinen Hass zu einer Lüge gemacht. Ich weiß, das klingt zwar nicht sehr held*innenhaft. Aber da bin ich einfach davongerannt.

~

Ich irre noch im Kreislauf der Definitionen, doch allmählich erkenne ich am Horizont eine Ausfahrt, ich kralle mich an meine Ausstechform, bereit, mich an den Teig zu machen. Auf der Überholspur entdecke ich plötzlich Erich Fromm, er rast mit seinen Definitionen im Kofferraum an mir vorbei und bricht in genüssliches Lachen aus.

Der Psychoanalytiker und Philosoph Erich Fromm unterscheidet in *Die Antwort der Liebe* zwei Formen von Hass: den reaktiven und den charakterbedingten Hass. Der reaktive Hass äußere sich seinem Namen nach als eine Reaktion »aufgrund eines Angriffs auf mein Leben, meine Sicherheit, auf meine Ideale oder auf eine Person, die ich liebe oder mit der ich identifiziert bin«.[82]

In diesem Sinne ist sie eine Form der Selbstverteidigung. Dieser Hass erfordert eine bejahende Haltung zur Welt. Gerade weil ich das Leben, meine Ideale, meine Liebsten verteidige, hasse ich. Wer stark lebensbejahend sei, werde umso intensiver, umso hassender reagieren, umso ehrgeiziger die Angreifenden ausschalten und besiegen wollen, meint Fromm. Diese Art von Hassreaktion sei der Gegenpol der Liebe.

Von dem reaktiven Hass unterscheidet Fromm den charakterbedingten Hass. Diese hassende Charakterstruktur bilde sich zwar auch als eine Reaktion auf Erfahrungen in der Kindheit aus, doch sie werde zu einem beständigen Charakterzug. Infolgedessen *ist* der Mensch feindselig. Der Hass ist nicht länger eine Handlung, ein Tun, sondern ein Bestandteil des hassenden Wesens, dessen Feindseligkeit sich selbst dann manifestiere, wenn es keinen akuten Grund gebe. Fromm beschreibt diese Form als »permanente Bereitschaft zu hassen«.[83] Diese Bereitschaft gilt nicht nur anderen, sondern auch sich selbst gegenüber.

Dass diese vermeintlich permanente Bereitschaft zu hassen als entmenschlichendes, rassistisches Stigma missbraucht wurde, wie sich etwa die koloniale Unterdrückung der Vorstellung von kolonisierten Menschen als Schattenrisse bediente, die lediglich im Dunstkreis von Hass und Bosheit existieren und handeln können, habe ich bereits beschrieben.

Diese Absicht will ich Erich Fromm an dieser Stelle nicht unterstellen. Denn die hassenden Menschen, auf die seine Analyse abzielt, die Subjekte seines Hasses sind andere. Das wird deutlich, als er auf die gesellschaftspolitische Dimension des Hasses zu sprechen kommt. Dazu analysiert er den »chronische[n] Hass in Gruppen«, der als schleichende Feindseligkeit, als eine Form des charakterbedingten Hasses sichtbar werde.[84] Als Beispiel führt er Techniken der Propaganda an, mit denen etwa die deutschen Faschist*innen das Kleinbürger*innentum für ihre Ideologie mobilisiert hätten. Diese Propaganda mit dem Ziel der Feindseligkeit gegen Jüdinnen*Juden oder auch Sinti und Roma müsse auf dem charakterbedingten Hass in der Persönlichkeitsstruktur der Menschen aufbauen. Das bedeutet also: Die bereits bestehende Hassbereitschaft, die wiederum etwa auf ein traumatisches Ereignis in der Kindheit zurückzuführen ist, ist der ideale Nährboden für antisemitische und rassistische Instrumentalisierung.

Wie viele der Nazis und ihrer Mitläufer*innen aus einer gestörten Persönlichkeitsstruktur oder faschistischer Zwangsneurose heraus bei der Deportation ihrer Nachbar*innen geholfen haben, können weder Erich Fromm noch ich beantworten. Ich will diese Frage in diesem Buch auch gar nicht beantworten. Und wenn ich nach den Beweggründen der deutschen Faschist*innen und ihrer Kollaborateur*innen fragen müsste, fände ich die Frage spannender, wie etwa das Klein- und Großbürger*innentum materiell von der Vernichtung von etwa Jüdinnen*Juden profitierte: durch Enteignungen von Fabriken, durch Plünderungen, durch direkten Diebstahl, durch Zwangsarbeit; und ich würde fragen, wie dieser Profit in Form von Kapital in die deutsche (Rüstungs-) Industrie floss – insgesamt mehrere Milliarden deutsche Reichsmark – und in Form von schicken Schränken und Besteck in deutsche Haushalte, wo sie bis heute zu finden sind. Völlig zutreffend bezeichnet der Wissenschaftler und Autor Yossi Bartal daher die Einführung einer Vermögenssteuer und Umverteilung der Gelder in Deutschland als eine »antifaschistische Maßnahme«.[85]

Doch zurück zum Hass: Wie lässt er sich also konzeptualisieren? Diese Frage habe ich bereits gestellt. Lässt er sich überhaupt konzeptualisieren, in eine universelle Kategorie übersetzen? Fromm wählt einen psychoanalytischen Zugang, der die politisch-soziale Dimension zwar nicht ausklammert, aber dennoch zumindest beim Thema Hass als einen Wirkungsbereich außerhalb des üblichen, des Psychologischen, des Alltäglichen betrachtet. Damit meine ich: Wie sinnvoll ist es, einen *chronischen Hass in Gruppen* als Unterkategorie der einen oder anderen Hassform anzuführen, wenn Menschen jederzeit und überall Teil von Gruppen sind? Und sich somit ihr Hass auch immer in kollektiven Gefilden ansiedelt?

Und wie und wo lassen sich die Grenzen zwischen dem reaktiven und dem charakterbedingten Hass ziehen? Denn es mag zwar stimmen, dass manche Menschen eine konstante Feindseligkeit verspüren, ohne einen objektiven, aktiven Reiz dafür zu brauchen. Aber für viele Menschen (deren Leben bis heute von Faschist*innen bedroht wird) gibt es einen permanenten Reiz, ein permanentes Unbehagen, die permanente Entmenschlichung, die permanente Unterdrückung, auf die sie reagieren und gegen die sie sich verteidigen *müssen*. Auch mit Hass.

Spätestens an dieser Stelle offenbart sich das Problem einer entpolitisierten, psychoanalytischen Herangehensweise an das Phänomen Hass. Und wieder stellt sich die Frage: Wer sind eigentlich die Subjekte der Betrachtung? Und lassen sich in einem Gesellschaftssystem der Hierarchien auf alle Mitglieder dieselben Maßstäbe der Kategorisierungen von Hass anwenden?

Und was ist eigentlich mit einem Hass, der unterdrückten Menschen nicht einfach *zustößt*, sondern zu dem sie sich aus Überlegung und Überzeugung heraus entscheiden – als politisches Instrument der Selbstverteidigung? Ansätze dazu stecken in beiden Hasskategorien von Fromm: Im reaktiven Hass steckt die Selbstverteidigung, die Bejahung des Lebens und auch der Liebe. Im charakterbedingten Hass steckt eine permanente, nachhaltige Haltung zur Welt, die sich nicht mit ihren Mythen und Verheißungen von Harmonie zufriedengeben will. Das ständige Unbehagen, das Grollen.

Und dennoch fehlt in beiden Ansätzen das Kollektive, die Übersetzung von Hass als eine treibende Kraft für ein gemeinschaftliches Streben nach Veränderung – ein Hass, der durchdacht, taktisch und umsichtig ist. Ein Hass, der dazu anhält, sich individuell wie auch als politische Bewegungen nicht nur Zielscheiben und Ziele des Hasses zu suchen, sondern sie auch ständig zu reflektieren. Den Hass zu üben, zu säen, wo nötig, und ihn zu begraben, wo es noch nötiger ist. Und die Ungerechtigkeit und Unterdrückung grollend zu hassen. Ich möchte diese Form *strategischen Hass* nennen. Da, ich glaube, ich habe die Ausfahrt entdeckt.

~

Sakine Cansız hat die Fragmente ihrer Lebensgeschichte an einer Schreibmaschine bei den Guerillakämpfer*innen in den Bergen geschrieben. Drei Bücher hat sie verfasst, *Mein ganzes Leben war ein Kampf* heißt die Reihe in deutscher Übersetzung. Im ersten Band erzählt Sakine Cansız von ihren Jugendjahren, ihrer Kindheit im Dorf, ihrem Aufwachsen im kurdischen Dêrsim, wo der junge türkische Staat 1937/38 Aufstände widerständiger alevitischer Kurd*innen blutig niederschlug. Laut offiziellen Angaben töteten die Militärs mehr als 13 000 Menschen, laut regionalen Quellen mehr als 70 000.

In den Nachwehen dieser Geschichte, in dieser Geografie der Gewalt, politisiert sich die junge Sakine Cansız in den 1970er-Jahren. Die türkische linke Studierendenbewegung erstarkt, bewaffnet sich teilweise, die Mobilisierung dringt aus den Großstädten in die Dörfer. Der Staat reagiert mit Verhaftungen, Folterungen und Hinrichtungen. Sakine Cansız erzählt aber auch, wie sie sich Schritt für Schritt von der türkischen Linken entfernt, die den spezifischen Kampf des Volkes gegen den türkischen Kolonialismus in den kurdischen Dörfern, gegen den Feudalismus und die Großgrundbesitzer*innen nicht anerkennen will.

Nach einer Gedenkveranstaltung für die berühmten hingerichteten Revolutionäre vom 6. Mai 1972 – Deniz Gezmiş, Hüseyin Inan und Yusuf Aslan – gerät Sakine Cansız in eine Demonstration. Die Polizei kesselt den Demonstrationszug ein und greift an. Frauen, Romnja aus der Nachbar*innenschaft, die das Geschehen beobachten, eilen herbei. Sie zerren Sakine Cansız aus den Händen eines Polizisten und helfen ihr, sich zu befreien. Später sitzen die Frauen essend beisammen. Ihr gemeinsamer Ärger gilt nicht nur der Gewalt der Polizisten, sondern auch den Männern der Nachbar*innenschaft: »Die Männer, die einfach nur vom Balkon aus zusehen, sind Feiglinge«, zitiert Sakine Cansız eine der Frauen. Und sie selbst schreibt: »Wir sprachen darüber, zu was Frauen in der Lage sein könnten, wenn sie ihren Hass auf den Feind organisierten.«[86]

~

Aufnahmen zeigen Luisa Toledo Sepúlveda meist mit zurückgekämmtem, gebundenem Haar. Offen getragen, würden die weiß und grau melierten Strähnen ihr über die Schultern fallen. Eins ihrer Porträts ist besonders bekannt: Ihren Hals säumt ein schwarzer Kragen, von einem roten Tuch umrankt. Luisa Toledo Sepúlveda hat den Blick gen Himmel erhoben. Ihre Augen und ihren Mund umrahmen tiefe Falten, eine davon zieht sich vertikal zwischen ihre Augenbrauen. Eine Zornesfalte. Dieser Schnappschuss wird oft als Graffito verewigt. Auf einem anderen Bild – selber Augenblick, anderer Ausschnitt – lugt unter ihrem Kragen der Umriss eines weißen rechteckigen Papiers hervor.

Der zweite Blick fällt auf schwarze Bänder, die das Bild auf ihrer Brust fixieren. Auf den dritten Blick offenbart sich auf den Umrissen des Papiers eine schwarze, bergige Wölbung. Es ist ein Haarschopf. Schwarzes Haar. Es gehört zu einem der Söhne Luisa Toledo Sepúlvedas.

Es gibt noch eine Version des Schnappschusses derselben Szene, der Ausschnitt ist größer, hinter Luisa Toledo Sepúlveda lassen sich schwarze Buchstaben auf weißem Grund erkennen, ein Demonstrationstransparent. Ich lese: *VENES-CO-VER-OY.* Meine Freundin Ana, die ich nach den fehlenden Buchstaben frage, ergänzt: *JÓVENES COMBATIENTES, DE AYER HOY Y SIEMPRE.*

Kämpfende Jugend, für gestern, heute und für immer.

Luisa Toledo hat drei Kinder an die faschistische Militärdiktatur in Chile verloren. Am 29. März 1985 töteten uniformierte Polizisten ihre Söhne Eduardo und Rafael, sie waren 20 und 18 Jahre alt und Aktivisten der revolutionären Bewegung *Movimiento de Izquierda Revolucionaria.* Dreieinhalb Jahre später, am 5. November 1988, starben ihr Sohn Pablo und der Aktivist Araceli Romo durch eine Bombenexplosion in der Nähe von Temuco, der Hauptstadt der südlichen Region Araucanía.

Der 29. März, der Jahrestag des Mordes an Eduardo und Rafael, wird heute als Tag des jungen Kämpfers begangen, *Día del Joven Combatiente.* Zehntausende Menschen gehen in Chile auf die Straßen, sie erinnern an die Todes- und Folteropfer der Diktatur, an Eltern, Geschwister und Kinder, deren Körper bis heute verschollen geblieben sind. Sie demonstrieren für die Freilassung politischer Gefangener, gegen den Genozid an den indigenen Völkern, die seit Jahrzehnten gegen den chilenischen Staat und seine kolonialen Politiken Widerstand leisten. Die rebellische Jugend protestiert an diesem Tag gegen die fehlende Aufarbeitung der Verbrechen der Diktatur, die formell 1988 endete, gegen die Straflosigkeit für ihre Kollaborateur*innen, gegen die Polizeigewalt und Macht des Militärs, gegen die neoliberalen und kolonialen Politiken der Ausbeutung und andauernden Zerstörung der Umwelt, die den indigenen Völkern ihre Lebensgrundlage raubt – und allen Menschen im Land das Trinkwasser, das an Großkonzerne verscherbelt wird.

Luisa Toledo Sepúlveda, die Unermüdliche. Sie ist heute als die Mutter der rebellischen Jugend bekannt. Als Kommunistin und Aktivistin kämpfte sie, gemeinsam mit ihrem Mann Manuel Vergara, ein Leben lang. Sie hat den Herrschenden wieder und wieder die Stirn geboten. Sie hielt nichts von deren Demokratie, deren Wohlstand, deren Gerechtigkeit. Sie hat ihnen mit Vergeltung gedroht, auf Bühnen, in Schriften, in Interviews. »Warum verlangen sie von uns, bis in den Tod friedlich zu bleiben? Warum wir? Warum können wir nicht Gewalt gegen sie anwenden?«, wird sie zitiert. »Also bittet mich nicht, friedlich zu sein. Ich werde nie friedlich sein! Ich werde nie friedlich sein. Der März kommt, und meine Kinder kommen wieder zu mir ... Ich sehe Rafaels Lächeln im Gesicht jedes Kindes, jedes Jugendlichen, der hinausgeht, um zu kämpfen, die Gelassenheit von Pablo, Eduardos Beredsamkeit. Das bin ich, Compañeros.«[87]

~

Amida, das bedeutet im Hebräischen *aufrecht stehen*, *standhalten* oder *sich gegen jemanden erheben*. Amida, das ist auch der antike Name einer Stadt am rechten Tigrisufer, die als heimliche Hauptstadt von Kurdistan bezeichnet wird. Diese Stadt wird auf Armenisch *Amid* genannt, auf Aramäisch *Amedu*, auf Kurmancî *Amed*, auf Arabisch und Zazaisch *Diyarbekir* und auf Türkisch *Diyarbakır*. In dieser Stadt mit den vielen Namen steht ein Militärgefängnis, das für seine Folterkammern bekannt ist. Wenige Jahre nach der Demonstration am 6. Mai wird Sakine Cansız als eine der Gründer*innen der bewaffneten kurdischen Arbeiter*innenpartei PKK verhaftet. Zwölf Jahre lang sitzt sie im Militärgefängnis jener Stadt ein, die Amida hieß, erfährt die Folter am eigenen Leib. Nach ihrer Freilassung fährt sie mit der Arbeit fort, die sie vor ihrer Verhaftung begonnen hatte: Sie baut die bewaffneten und unbewaffneten Frauenkader der Organisation mit auf.

~

Mitte des 19. Jahrhunderts führt die junge chilenische Nation Krieg: auf der einen Seite gegen die Kolonialmacht Spanien, von der sie 1810 offiziell unabhängig geworden ist, aber gegen deren militärische Aggressionen und Eroberungskriege sie sich immer wieder zur Wehr setzen muss. Auf der anderen Seite, an einer anderen Front, nämlich an der südlichen Grenze zu Argentinien, führt Chile zwischen 1861 und 1883 weitere zahlreiche Militäraktionen durch. Sie sind heute unter dem Namen *Pacificación de la Araucanía* bekannt: die *Befriedung* von Araucanía.

Das chilenische Militär *befriedet* die in dieser Region lebenden Mapuche: Die junge kriegsgebeutelte Nation braucht die Länder und Acker des indigenen Volkes, um wieder zu Wohlstand zu gelangen. Die vermeintliche Befriedung endet mit der Vernichtung Tausender Mapuche. Und damit, dass ihr Land gewaltsam den chilenischen Staatsgrenzen einverleibt wird.

Den Frieden bringen immer die Sieger*innen der Geschichte.

Lonko Juana Calfunao Paillaléf, eine der Chiefs der Mapuche in Araucanía, die für die Anerkennung des chilenischen Genozids an ihrem Volk vor dem Europäischen Gerichtshof für Menschenrechte kämpft, erzählt der britischen Zeitung *The Guardian*[88]: »In der sogenannten Befriedung von Araucanía hat die chilenische Armee unter Mittäterschaft der katholischen Kirche unser Land besetzt, unsere Körper verbrannt, unser Volk getötet und unsere Babys im Fluss ertränkt. Noch heute sind wir Geiseln des Staates, der unsere Nationalität als Mapuche nicht anerkennt.«

Im Januar 2018 betritt ein weiterer Mann Araucanía, der den Frieden bringen will: Papst Franziskus. In Temuco empfangen ihn 400 000 Mapuche. Dort, in seiner Begrüßungsrede, wird er den chilenischen Staat mahnen, sich an laufende Friedensvereinbarungen zu halten. Aber seine Mahnung wird auch den Mapuche gelten. Franziskus wird sie auffordern, von Anschlägen und Racheakten abzusehen.[89] Dort, auf dem Boden, auf dem vor über 150 Jahren der chilenische Staat die Enteignung und Vernichtung der Mapuche beginnt, dort, wo 30 Jahre zuvor Luisa Toledos Sohn Pablo Vergara und Araceli Romo durch eine Autobombe getötet werden, wird Papst Franziskus für eine gegenseitige Kultur der Wertschätzung plädieren. Diese sei nicht mit Gewalt zu erreichen, wird er verkünden, ganz im Gegenteil. Durch die Gewalt, so Franziskus, verkomme eine gerechte Angelegenheit zu einer Lüge.

~

DAS GELD HAT DIE MACHT ÜBER ALLE DEFINITIONEN ES HAT DIE MACHT ALLE BEZIEHUNGSFORMEN IN IHR GE-

GENTEIL ZU VERKEHREN ES VERWANDELT EINE GERECHTE ANGELEGENHEIT IN EINE LÜGE UND DIE GEWALT IN DEN FRIEDEN

~

Im Januar 2018 marschiert die Türkei in Afrîn ein, einem der drei Kantone der westkurdischen Region Rojava in Nord- und Ostsyrien. Die Völker der Region haben sich 2012 in einem Gesellschaftsvertrag darauf geeinigt, eine autonome Selbstverwaltung aufzubauen, die auf einer Rätedemokratie, Ökologie und einem ethnischen wie religiösen Pluralismus basiert. Das theoretische Vorbild für diese neue Form der Gemeinschaft ohne Nation, ohne zentralen Staat und kapitalistische Wirtschaftsweise ist der demokratische Konföderalismus, den der PKK-Gründer Abdullah Öcalan in seiner Isolationshaft auf der türkischen Insel Imralı ausgearbeitet hat.

Afrîn war es bis zum türkischen Einmarsch gelungen, von den Kämpfen des syrischen Bürgerkriegs verschont zu bleiben. In den folgenden Jahren – bis heute – werden türkische Truppen gemeinsam mit islamistischen Milizen Afrîn besetzen, plündern. Sie werden assyrische, arabische, êzidische, kurdische, suriyanische, turkmenische und andere ethnische und religiöse Völker vertreiben, die sich gemeinsam gegen den IS gewehrt hatten.

Dieser völkerrechtswidrigen Militäroffensive wird die Türkei auf Befehl des Präsidenten Recep Tayyip Erdoğan den Namen *Zeytin Dalı Harekâtı* geben, Operation Olivenzweig. Der Olivenzweig, das Friedenssymbol.

~

Am 29. März 2020 steht Luisa Toledo auf einer Bühne, ein graues Kopftuch bedeckt ihr Haar, zwei silberne Strähnen ragen vorne heraus. Sie trägt Schwarz, auf ihrem Oberkörper prangt das Schwarz-Weiß-Foto eines jungen Mannes. Schwarzes Haar. Im Hintergrund weht eine schwarze Fahne, der klare Himmel lässt einen sonnigen Tag erahnen. Seit rund einem Jahr rüttelt eine radikale Protestbewegung aus Schüler*innen, Studierenden, Arbeiter*innen, Gewerkschaften, Linken und Kommunist*innen, Intellektuellen, Mapuche und anderen indigenen Gruppen an den Grundfesten der chilenischen Nation. Sie fordern soziale Gerechtigkeit, kostenlose Bildung, eine neue Verfassung, ein Ende der Gewalt durch Polizei und Militär. Die Zahl der Menschen, die während der Proteste getötet, gefoltert, entführt werden oder durch Polizeigranaten erblinden, ist unbekannt. Doch ihre Bilder und Geschichten fluten die sozialen Medien.

Luisa Toledo steht vor einem Mikrofon. Sie spricht mit kräftiger und doch bebender Stimme, die Hände fuchteln, mal zum Himmel erhoben, mal in einer Geste des Überdrusses zu Fäusten geballt, fast prophetisch, klagend. Sie ruft:

»Wir müssen unsere Angst loswerden!
Sie hassen uns!
Lasst sie uns auch hassen!
Warum habt ihr Angst zu hassen?

Wir brauchen die Kraft des Hasses,
um uns ihnen entgegenstellen zu können,
um sie bekämpfen zu können.

Denn mit ›Oh nein, die Armen, wir können sie nicht hassen‹
erreichen wir nichts!

Wenn wir etwas erreichen wollen, müssen wir da sein.

Seid an vorderster Front!

Macht ihnen das Leben schwer, auf welche Art auch immer. Zumindest müssen wir auf sie spucken!

Aber wir müssen da sein, gegen sie.«

~

Schüsse aus einer schallgedämpften Pistole. Adresse: Rue Lafayette, Hausnummer 147, unweit des Bahnhof Paris Gare du Nord. Hier sind die Räume des Kurdischen Informationszentrums. Den Schützen hat der türkische Geheimdienst geschickt, das wissen nicht nur kurdische Aktivist*innen, das legen später auch die Ermittlungen der französischen Behörden nahe. Die Schüsse, das sind keine Worthülsen, sie durchbohren Köpfe, Nacken und Bäuche, die Körper von drei Menschen: Sakine Cansız, Fidan Doğan und Leyla Şaylemez. Sie sterben am 9. Januar 2013.

~

Als türkische Soldaten Afrîn besetzen, rollen sie auf Leopard-2-Panzern in die Dörfer und Städte. Panzer made in Germany. Insgesamt 354 Exemplare dieser Art hat Deutschland zwischen 2006 und 2011 an die Türkei geliefert. 2018 war die Türkei größte Abnehmerin deutscher Kriegswaffen. Die Lieferungen mit einem Volumen von 242,8 Millionen Euro machten fast ein Drittel aller deutschen Waffenexporte aus. Olivenzweige und Leoparden made in Germany. Das hat Tradition.

~

Santiago de Chile (AFP), 21.01.1997 – »Die deutsche Bundesregierung hat Presseberichten zufolge dem Verkauf von 67 Kampfpanzern an die chilenische Armee zugestimmt. Das Geschäft habe einen Umfang von rund 15 Millionen US-Dollar, meldete die Zeitung *El Mercurio* am Sonntag. Chile wolle mit den Leopard-1-Panzern aus belgischen Beständen das Arsenal seiner Streitkräfte modernisieren, das größtenteils noch aus den 40er Jahren stamme. Es handele sich um den ersten Ankauf dieser Art seit 15 Jahren. Die Zustimmung der Bundesregierung, welche das Lizenzrecht an dem Panzertyp besitze, sei vom chilenischen und belgischen Militär begrüßt worden. Für das Geschäft hatte sich insbesondere der Heereschef und frühere Diktator Augusto Pinochet eingesetzt.«[90]

~

Alle 14 Minuten stirbt ein Mensch durch deutsche Waffen.[91]

~

Demokratische Gesellschaften sind befriedete Gesellschaften.

~

UND DER FRIEDEN IST IMMER DER FRIEDEN DER SIEGER*INNEN

~

Hass? Das ist aber ein starkes Wort!

~

Friede, Freude, Eierkuchen!

~

(ich versuche mir eine welt ohne bestrafung vorzustellen, ich weiß nicht, ob das geht, ich weiß nur, dass wenn ich hasse, dieser polizist in meinem kopf bellt, bestrafung, bestrafung, bestrafung)

~

An vielen Orten der Welt trauern und kämpfen die Mütter. Da sind etwa die Mütter von Srebrenica, die für Gerechtigkeit für ihre Kinder, Ehemänner und Brüder kämpfen, die dem Genozid durch serbische Nationalist*innen zum Opfer fielen. Die Mütter von Tamil Eelam, die nach ihren Familien suchen, die durch den sri-lankischen Staat verschleppt wurden. Und da sind die sogenannten Samstagsmütter. *Cumartesi anneleri.*

Am 27. Mai 1995 treffen sich die Samstagsmütter erstmals um zwölf Uhr am Istanbuler Galatasaray-Platz. Sie halten Schilder mit den Bildern ihrer Kinder und Verwandten hoch, wo sind sie? Ihre Angehörigen sind nach Festnahmen durch die Polizei oder das Militär nie mehr zurückgekehrt. Sie waren Studierende, Arbeiter*innen, Aktivist*innen. Manche Mütter fordern Gerechtigkeit für ihre Kinder, die sie in anonymen Massengräbern entdeckt haben.

Seit Anbeginn kriminalisiert und verfolgt der türkische Staat die Samstagsmütter. Denn ihre Kinder sind meist linke, widerständige Kurd*innen. Ihre Kinder sind dem türkischen Staat des Terrorismus verdächtig, weil sie existieren. Die Mütter sind dem türkischen Staat des Terrorismus verdächtig, weil sie Gerechtigkeit fordern, weil sie zumindest die Leichen ihrer Kinder zurückhaben wollen, nach ihnen rufen, als wären sie noch lebend.

Die Samstagsmütter schweigen nicht, obwohl die meisten ihrer Proteste mit Gewalt niedergeschlagen werden, fast jeden Samstag werden Dutzende Mütter und andere Angehörige verhaftet. Einige Jahre wird es ihnen verunmöglicht, auf dem Platz zusammenzukommen. Im August 2018 verbietet der türkische Innenminister den Protest höchstpersönlich. »Sollen wir weiter zuschauen, wie das Ideal der Mutterschaft missbraucht wird, um den Terrorismus zu decken?«, das ist seine Erklärung.

Die Samstagsmütter schweigen nicht, noch heute nicht. Aber sie müssen vorsichtig sein. Die kleinste Aggression könnte jenen Verdacht des Terrorismus bestätigen.
»Wir wollen Frieden! Es sollen keine Kinder mehr sterben!«, müssen sie um ihr Leben skandieren. Sie haben kein Recht, ihren Zorn zu zeigen.

Doch der Zorn fräst sich in die Gesichter ihrer toten Kinder ein und hinterlässt seinen Abdruck in den Leben ihrer Angehörigen wie eine Kupfergravur.

Die erste Samstagsmutter, die auf dem Galatasaray-Platz für die Bestrafung des Mörders ihres Sohnes demonstrierte, ist Emine Ocak, die Mutter von Hasan Ocak. Sein toter Körper tauchte nach seiner Festnahme auf einem Armenfriedhof auf. In einem Bericht der türkischen Tageszeitung *Cumhuriyet* kommt Hasans Schwester Maside Ocak zu Wort. Es gebe zwei Fotos, die von dem Leben und dem Tod ihres Bruders, ihrem Hafen in der Not, ihrem Freund, ihrem Genossen, zeugen würden: eins, auf dem Hasan lächelt. Der, der die Familie, die Kinder auf der Straße mit seiner Gutmütigkeit zum Lächeln gebracht habe. Und das andere Foto sei dasjenige, das Hasan nach seiner Ermordung zeige, so, wie ihn die Familie gefunden habe.

»Auf diesen Fotos ist der Zorn zu sehen«, sagt Maside Ocak. *O fotoğraflarda gördüğümüz şey öfkeydi.* »Dieser verstümmelte Körper erzählte so viel, er erzählte eindringlich davon, wie die Menschlichkeit stirbt, das Gewissen ermordet wird und die Gerechtigkeit nicht zutage kommt. Es sind diese Fotos, die sich in unser Gedächtnis eingebrannt haben. Sie markieren unser Gestern, Heute und Morgen. Unser Morgen ist der Trotz, es ist der Zorn gegen diejenigen, die die Gerechtigkeit nicht umsetzen, es ist der Zorn gegen die Verbrechen gegen die Menschlichkeit, die immer noch verübt werden. *Biz işlenen tüm insanlık suçlarının karşısında Hasan'ın o iki fotoğrafıyla birlikte duracağız.* Gegen all diese Verbrechen werden wir mit diesen zwei Fotos von Hasan stehen.«[92]

~

Am 6. Juli 2021 ist Luisa Toledo Sepúlveda gestorben. Friedlich, im Kreise ihrer Liebsten, sagt die Familie.[93] Es gibt kein Foto ihres toten Gesichts, ich würde es auch nicht sehen wollen. Ich frage mich nur, ob es auch ihren Zorn zeigen würde.

~

1) Strategischer Hass bedeutet: Es ist nicht der Hass als solcher, der Menschen mobilisiert und sie widerständig macht. Ich

wehre mich nicht, *nur* weil ich hasse. Ich kämpfe nicht, *nur* weil ich hasse. Der Hass ist kein *nur*. Er darf kein *nur* sein.

2) Strategischer Hass weiß: Der Widerstand erwächst aus existenziellen Erfahrungen in herrschenden rassistischen, patriarchalen und ausbeuterischen Verhältnissen, die Körper und Natur zerstören. Aus der notwendigen Selbstbehauptung gegen die Unterdrückung und Bevormundung. Aus dem notgedrungenen Bedürfnis, Leben zu bewahren.

3) Strategischer Hass erzeugt Intensität und Dauer, ist Antrieb und Überzeugung. Strategischer Hass formt sich aus den Geschichten, die sich Menschen erzählen, aus Erfahrungen, die sie miteinander teilen, aus gemeinsamen Worten, die sie sprechen. Der strategische Hass ist ein Werkzeug, eine Methode der Selbstverteidigung, die dabei helfen kann, weiterzukämpfen, selbst wenn kein Ende in Sicht und keine Hoffnung zu greifen ist.

4) Der strategische Hass kann, aber muss nicht explosionsartig Grenzen niederreißen. Vor allem ist er eine beständige Überschreitung jeglicher Grenzen.

5) Strategischer Hass ist ein Versprechen an eine Zukunft, die lebenswert ist.

~

(ich versuche mir eine welt ohne bestrafung vorzustellen, ich weiß nicht, ob das geht, ich weiß nur, dass wenn ich hasse, dieser polizist in meinem kopf bellt, bestrafung, bestrafung, bestrafung)

~

Ilja, du hast zwei Freunde, gemeinsam seid ihr drei Menschen. Jakow ist krank und zerbrechlich. Pawel, in Lumpen, gebrochen. Jakow sagt: »Du hast wenigstens deine Bosheit ... tröstest dich damit, daß du alle verurteilst, und zwar immer strenger verurteilst ... Ich aber habe nicht mal das.«[94] Pawel hingegen spricht voller Hunger und Groll von der Armut, von der Erniedrigung, und wenn er so spricht, erwacht auch in deinem Herzen der Hass gegen alles und jeden Feind. Du willst ihre Häuser brennen sehen.

~

Die Selbstverteidigung hat es gar nicht so schwer. Ich meine damit, sie hat es gar nicht so schwer, sich zu behaupten. Warum? Viele werden zustimmen, dass sie manchmal eine Notwendigkeit wie auch Pflicht ist, das kleinere Übel angesichts der anstehenden eigenen Vernichtung. Ich meine, sie hat es daher leichter, sich zu rechtfertigen. Leichter als etwa die Rache.

Denn im Gegensatz dazu reagiert die Rache nicht auf eine unmittelbar bedrohliche Gegenwart. Sie verhält sich zu dem, das bereits geschehen ist. Manchmal liegt das Geschehene, die Gewalt, lange Zeit zurück. Monate, Jahre, Jahrzehnte, Jahrhunderte. Die, die vergessen haben und vergessen wollen, haben das Ereignis unter Schichten und Schichten ihres Mörtels vergraben. Die Rache jedoch nagt von außen an dem Putz und frisst sich von innen durch den Zement. Manchmal entscheidet sie sich sogar dazu, die Gewalt nicht ruhen zu lassen, sie aufzunehmen und fortzusetzen. Sie steht da mit dem Vorschlaghammer und hat eine eigene Mörtelmischung vorbereitet.

Die Rache rüttelt an dem Selbstverständnis moderner Gesellschaften, dass es nur den Fortschritt geben darf, keinen Rückschritt, kein Verweilen, Verkleben, Verleimen in der Vergangenheit, nur der Blick nach vorn, um individuell wie auch kollektiv die immer bessere und effektivere Version unserer selbst zu werden. Die moderne Tugend, in der Tradition des Christentums, erfordert von Betroffenen der Gewalt zu verzeihen. Und nur wenn sie beweisen, dass sie selbst zur Gewalt unfähig sind,[95] werden sie als schützenswerte Menschen und Gruppen anerkannt.

Die Rache ist vielleicht die radikalste Spielform des Hasses, somit das ultimativ Verpönte, Niederträchtige. Das Unrechtmäßige.

Diese moralische Verurteilung der Rache und ihre kulturelle Gegenüberstellung zum herrschenden moralischen Recht habe eine lange Geschichte, meint der Philosoph Fabian Bernhardt. Er hat das Buch *Rache – Über einen blinden Fleck in der Moderne* geschrieben. Während die Menschen in der Antike und in biblischen Kulturen die Rache und das Recht nicht zwangsläufig als gegensätzlich begriffen hätten, sei die Rache spätestens in der Frühmoderne und in der Zeit der Aufklärung in Verruf geraten, als sich das staatliche Strafmonopol herausbildete. Die Rache sei zum »Inbegriff des Anderen« geworden, gegen all die Werte, für die die Moderne einsteht: Fortschrittlichkeit, Bürgerlichkeit, Vernunft.[96]

Die Abwertung der Rache steht außerdem unweigerlich in einem antijüdischen Zusammenhang, sie dient und diente immer wieder als Gegenstand der Abgrenzung des dominanten Christentums vom Judentum. In den judenfeindlichen Verschwörungsmythen, die die christliche Kirche im Mittelalter verbreitet, ist die Vorstellung des rachsüchtigen Juden zentral, sei es in den

Ritualmordbeschuldigungen oder auch dem Mythos der Brunnenvergiftung.[97]

Auch ich habe in der Schule gelernt, dass der G*tt der Thora, des Ersten Testaments, durch und durch rachsüchtig sei, ganz anders als der christliche Gott der Liebe, und dass er sich angeblich durch eine grausame wie auch hasserfüllte Formel charakterisieren lasse: *Auge um Auge, Zahn um Zahn* – das Gebot der Rache.

Doch ist *Auge um Auge, Zahn um Zahn* laut vieler Expert*innen weder die adäquate Übersetzung der hebräischen Formel *ajin tachat ajin* ›עין תחת עין‹, noch gebietet sie die Vergeltung von körperlicher Gewalt mit körperlicher Gewalt. Das Gesetz fordert lediglich eine Aushandlung über das Strafmaß mit den Opfern, die Unrecht erfahren haben, sowie eine angemessene (monetäre) Entschädigung. Es geht um ein Verständnis von Vergebung, die erst verdient werden muss:[98] *Auge für Auge*.

Das bedeutet jedoch nicht, dass die Rache in jüdischen Erzählungen und Prophezeiungen keine Rolle spielt. Denn tatsächlich tritt G*tt in Erzählungen und endzeitlichen Prophezeiungen immer wieder auf, um mit Groll und Zorn über seine Feind*innen und Gegner*innen zu richten.[99] Und zugleich gibt es Stellen in der hebräischen Bibel, die Racheakte zwischen Menschen ausdrücklich verbieten[100]. Aber auch hier gibt es Ausnahmen.

»(…) Aus religiöser Perspektive kann das weltliche Rechtssystem dann Legitimität beanspruchen, wenn es seinem Anspruch gerecht wird, Gerechtigkeit herzustellen«, so der Wissenschaftler und Lyriker Max Czollek. »Tut es das nicht, indem es etwa das Verhungern, die Enteignung oder gar die Vernichtung von Menschen ermöglicht, erlaubt oder gar befiehlt, büßt es seine Legitimität ein. Danach ist Rache aus jüdischer Perspektive unter Umständen möglich.«[101]

Die Regeln des herrschenden weltlichen Rechtssystems genießen demnach also Vorrang. Sie verlieren jedoch ihre Gültigkeit, wenn sie ihrer Pflicht nicht nachkommen, Gerechtigkeit zu schaffen. Die Rache ist dann die Erinnerung an diese Pflicht und ihr Versprechen.

Doch die allgemeine christliche, bürgerlich-westliche Annahme hat die Rache zum Recht des Stärkeren erklärt, ungerecht, willkürlich, hierarchisch, archaisch, unrechtmäßig, zerstörerisch.

Einerseits.

Denn andererseits gründet unser Rechtssystem auf einem Gedanken der Vergeltung, der so selbstverständlich wie unangefochten bleibt: die Bestrafung. Wer sich schuldig macht, wird bestraft. Dafür sorgen etwa Strafanstalten. Manchmal müssen Schuldige auch zahlen, mal an die Opfer, aber meist an den Staat. Er hat das Monopol auf die Vergeltung. Und dieses fordert das Geld, die Lebenszeit und die Gesundheit der Schuldigen.

Auch Begriffe wie *Vergeltungsschlag* gehören zum gängigen militärischen Vokabular. Als im August 2021 US-amerikanische Soldaten bei einem islamistischen Anschlag in Kabul getötet wurden, versprach Präsident Joe Biden eins: Vergeltung. Er trat somit in die Fußstapfen seines republikanischen Vorgängers, der 20 Jahre zuvor öffentlich dasselbe geschworen hatte. Nach den Anschlägen vom 11. September 2001 kündigte George W. Bush einen Vergeltungskrieg gegen die islamistische al-Qaida in Afghanistan an.

Die verheerenden Folgen für die Zivilgesellschaft in Afghanistan sind allgemein bekannt. Der demokratisch-republikanische Vergeltungskrieg endete jedoch keinesfalls mit dem Abzug der internationalen Truppen. Und er gilt noch immer nicht allein den islamistischen Unterdrückern. Denn im Februar 2022 kündigte die US-Regierung an, Milliarden der afghanischen Zentralbank einzufrieren, angeblich damit das Geld nicht in die Hände der Taliban gelange. Nur eine Hälfte der rund 6,1 Milliarden Dollar soll als humanitäre Hilfen der von Armut, Krieg und Dürre gebeutelten afghanischen Zivilbevölkerung zukommen, der Rest soll an US-amerikanische Terroropfer fließen. Um ein weiteres Mal müssen Afghan*innen für einen Krieg zahlen, den sie nie wollten. Um ein weiteres Mal werden sie bestraft.

Wenn Vergeltung als gerecht und Rache als ungerecht gilt, ist das nicht ohne den Blick auf die Macht- und Herrschaftsverhältnisse zu verstehen.
Wer handelt? Wem gilt die Rache? Wer darf vergelten?

So ist es kein Wunder, dass die Vergeltung zwar politisch allgegenwärtig ist, doch zugleich als das vermeintlich *Andere* schlechthin rassistische oder klassistische Marker braucht, die immer wieder eins bezeugen sollen: Die Rache hat eigentlich nichts mit der anständigen Mehrheit der westlichen Zivilisation zu tun.

In medialen Narrativen, so der Philosoph Fabian Bernhardt, werde die Rache sprachlich und bildlich stets mit Kulturen und Klassen verknüpft, die vermeintlich von der *weißen* bürgerlichen Normalität abweichen.[102] Stichwort: Ehrenmorde. Stichwort: Rockerbanden. Stichwort: Clankriminalität. Eine schnelle Google-Suche bestätigt seine Beobachtung: »Blutige Rache eines Familienclans«[103], »Racheakt von Clan?«[104], »Clan-Rache«[105], »Racheakt im Clanmilieu«[106] – das sind nur einige wenige aus dem Fundus ähnlicher Schlagzeilen und immer wiederkehrender Satzbausteine in Berichten. Ich habe auch nicht vergessen, wie deutsche Behörden die Mordopfer des rechtsextremen NSU kriminalisierten, indem sie ihre Ermordung als eine Abrechnung im Milieu der organisierten Kriminalität darstellten. Jahrelang haben sie die traumatisierten Opferfamilien verdächtigt und gedemütigt.

Der Impuls der Rache, so irrational und impulsiv, wie er angeblich ist, soll in diesen Erzählungen in kolonialer, antisemitischer Tradition nur die moralische Verrohung der Rächenden, der durch und durch *Anderen* bestätigen. Ihren unbändigen, unberechtigten Hass. Ihre Bösartigkeit.

Dass die Rache immer irrational oder impulsiv sein muss, ist dabei nur ein Mythos. Sie könne auch rationale Komponenten enthalten, wenn sie etwa einen langfristigen Planungsaufwand erfordere, hält Fabian Bernhardt fest.[107] Und auch Gesellschaften, die kein staatliches Gewaltmonopol aufweisen, seien nicht völlig befreit von Normen, Regeln und auch vom Schutz ihrer Mitglieder in Konflikt- und Gewaltsituationen.

Die Rache muss nicht willkürlich sein, sie muss keine ungesteuerte Selbstjustiz bedeuten, sie kann sich formal und sogar rechtsförmig äußern. Und auf eine Tat der körperlichen Gewalt muss nicht zwangsläufig die Rache der körperlichen Gewalt folgen. Die Rache kann zunächst das Anrecht auf Wiedergutmachung bedeuten. Der Ausgleich kann anders funktionieren als durch eine physische Bestrafung. Es gehe darum, so Fabian Bernhardt, »eine Beziehung zu reparieren, die durch eine Normverletzung getätigt wurde.«[108]

Diese Rechtsform kann Hierarchien sogar beseitigen. Denn sie setzt voraus, dass sich Betroffene und Täter*innen als Ebenbürtige begegnen, als zwei Parteien, die auf derselben Rechtsebene stehen, sich als solche anerkennen, und die gemeinsam die Konsequenzen einer Gewalttat aushandeln. Dabei kann etwa eine symbolische Geste, eine aufrichtige Entschuldigung, wichtiger sein als eine physische Bestrafung oder eine materielle Kompensation. Das Urteil würde mit im Ermessen der betroffenen Partei liegen, es würde in ihrem Namen erfolgen – während im deutschen Rechtssystem Gerichte das Urteil im Namen des Volkes ausrufen, obwohl dieses oftmals weder zugegen noch Teil des Aushandlungsprozesses ist. (Zwar sind in Hauptverfahren von Strafprozessen in Deutschland und Österreich manchmal Schöff*innen als ehrenamtliche Richter*innen beteiligt. Das betrifft jedoch nur einen Bruchteil der Prozesse.[109] Es gibt keine bundeseinheitliche Regelung für das Recht auf Akteneinsicht für Schöff*innen.[110] Da Schöff*innen ehrenamtlich und somit unentgeltlich arbeiten, stellt sich außerdem die Frage, wer sich das Amt leisten kann. Auch deshalb sehen Expert*innen einen stetigen Rückgang der Zahl der Freiwilligen. Hinzu kommen die Einschränkungen, was Alter, Vorstrafen und Berufe angeht.[111] In den vergangenen Jahren haben Rechte systematisch versucht, das Schöff*innenamt zu unterwandern.[112])

Die Leidenden, die Betroffenen, wären nicht nur auf ihre Betroffenheit reduziert. Sie wären Menschen, die handeln, die über die Folgen der Tat mitentscheiden. Sie hätten somit ein anerkanntes Urteilsvermögen.

Doch was bleibt, wenn den Opfern dieses Vermögen abgesprochen wird, wie es etwa in der deutschen Rechtsprechung in der Regel der Fall ist? Wenn sie auf die erfahrene Gewalt keine eigenen Reaktionen formulieren und Konsequenzen einfordern dürfen, weil es ihnen die Täter*innen genauso verwehren wie die herrschenden Rechtssysteme? Und was bleibt, wenn jene Institutionen des Rechts ihr Versprechen der Gerechtigkeit nicht einlösen, zu Stellvertreterinnen der Herrschaft der Gewalt und zu Mittäterinnen werden?

Sind die Grenzen zwischen Selbstverteidigung und Rache dann nicht fließend?
Dehnt sich der Riss zwischen Recht und Gerechtigkeit nicht zu einem unüberbrückbaren Krater aus?
Was bleibt dann übrig als der Hass?
Das Trauma?
Ist die Rache dann nicht der einzige Ausweg?

Selbst wenn die Rache nicht mit der Gewalt bricht, ihre Bahnen nicht blockiert, auf Gewalt mit Gegengewalt antwortet, kann sie nicht zumindest zeitweilig ein Bruch mit dem Schweigen sein? Der Ausruf: Es stimmt etwas nicht! Das Leben ist nicht lebbar! Kann der Rückschlag nicht bedeuten, das Leben auch für jene ungenießbar zu machen, die es sich in der Gewalt der Herrschaft gut und lebbar eingerichtet haben?

~

Im kolonialen Kontext gibt es keine unbedingte Wahrheitsregel. Und das Gute ist ganz einfach das, was ihnen schadet.[113]

~

1791 begann der bewaffnete Aufstand in der französischen Kolonie Saint-Domingue. »Die Versklavten zerstörten unermüdlich«[114], schreibt der sozialistische Historiker und Theoretiker C. L. R. James. Er verfasste 1938 die Schrift *The Black Jacobins: Toussaint L'Ouverture and the San Domingo Revolution*, in der er die Ereignisse der Aufstände skizziert: Die Versklavten hätten ihre Rettung in der Zerstörung der Dinge gesucht, die ihnen Leid bereitet hatten. Sie hätten gewusst, dass solange die Plantagen existierten, auf denen sie zur Arbeit gezwungen wurden, die Gewalt an ihren Körpern kein Ende finden würde. Sie mussten sie zerstören.

»Und wenn sie viel zerstörten, dann, weil sie viel gelitten hatten.«[115]

C. L. R. James fährt fort: »Sie kannten die Vergewaltigung, die Folter, die Erniedrigung und – bei jedem Schein von Ungehorsam – den Tod durch ihre Sklavenhalter*innen. Damit antworteten sie zurück. Für zwei Jahrhunderte hatte die höhere Zivilisation ihnen beigebracht, dass Macht dazu nützt, den Willen derer zu brechen, die du kontrollieren willst. Nun, da sie die Macht hatten, handelten sie so, wie sie es gelernt hatten.

›Rache! Rache!‹
Das war ihr Schlachtruf.«[116]

~

»Sucht nicht die Geschäfte oder die Beförderung, nehmt nur die Waffe in die Hand, ermordet jeden (aus dem deutschen Volk), der Euch unter die Hände kommt, Männer, Frauen und Kinder, denn so sind sie mit uns verfahren. Der größte Schriftsteller ist nicht in der Lage, die Grausamkeit zu beschreiben, die sie Euren Brüdern angetan haben.

Daher müsst Ihr aus sein auf nichts als Rache! Rache! Rache!«

– Ascher Schwarz, litauischer Jude, in einem Brief an seine Schwester in Palästina (1943)[117]

~

Rache, allein dieses Wort. Das *R*, das wie ein alter Motor aus dem Rachen stottert, das *ch*, das es wieder zu verschlucken droht. Ein Schritt, ein Rückzieher. Als wäre das Wort eine Zumutung, die es wieder einzufangen gilt. Die Rache windet sich nicht aus dem Mund, sie bricht heraus, um als ein Klumpen vertrockneter Spucke im Gesicht des Gegenübers zu landen.

~

»Das Blut klopfte uns in den Adern. Wir würden unser Volk rächen, ohne Freude oder Geschmack daran zu finden. Aber wir würden es rächen.« So wird der jüdische Widerstandskämpfer und Rächer Hanoch Bartov zitiert.[118]

Das Ende des deutschen Faschismus war, wie allgemein bekannt, kein tatsächliches Ende. Viele Altnazis waren schnell rehabilitiert, die juristische Verfolgung der Verbrechen wurde bereits ein Jahrzehnt nach Kriegsende weitgehend ausgesetzt,[119] kaum ein*e Deutsche*r sah sich in der Schuld, und die große Mehrheit, zu mehr als 70 Prozent, lehnte finanzielle Restitutionen an die Opfer des Faschismus ab – geschweige denn etwa das gestohlene, enteignete jüdische Eigentum zurückzugeben.[120] Ehemalige SS-Mitglieder freuten sich über Renten, während ehemalige Zwangsarbeiter*innen – jüdische, Roma und Sinti, politische Häftlinge, (sowjetische) Kriegsgefangene oder auch queere Menschen – um mickrige Entschädigungszahlungen kämpfen mussten, bis heute.[121]

Aus den ehemaligen jüdischen Militär- und Widerstandsgruppen formierten sich angesichts des andauernden Unrechts neue Gruppen: Rachegruppen. Manche bemühten sich, die Fluchtrouten aufzudecken und zu blockieren, die die Nazis auf dem Weg nach Spanien und Südamerika nutzten. Andere richteten die aufgespürten Nazis nach Befragungen und improvisierten Gerichtsverfahren hin. Andere wiederum, wie die radikale Gruppe *Nakam*, forderten eine kollektive Bestrafung aller Deutschen. Sie planten großflächige Anschläge. Es sollten so viele wie möglich sterben. »Ihnen ging es um Rache, um Vergeltung im historischen Maßstab – nicht zwischen Individuen, sondern zwischen dem jüdischen und deutschen Volk«, kommentiert das der Jurist und Autor Achim Doerfer. »Abschreckung um jeden Preis, hasste man die Juden doch ohnehin, so verstehe ich das.«[122]

Auch in der jüdischen Zivilbevölkerung habe es spontane Racheakte gegeben und das Bedürfnis nach Abrechnung für das persönlich Erlebte, wenn auch meist im Verborgenen. »Im Zwielicht der Befreiung hat es möglicherweise mehr Tötungen von Deutschen durch einzelne Juden gegeben, als die Geschichtsschreibung und Erinnerungen von Überlebenden vermuten lassen«, so die Historikerin Laura Jockusch, »Grund dafür sind Selbstzensur, die Angst vor Strafverfolgung oder der Glaube, das Ausüben von Rache gäbe sozusagen der nationalsozialistischen Propaganda und antisemitischem Gedankengut recht.«[123]

Viele organisierte Rächer*innen hingegen erzählten Jahre später in Interviews unverblümt von ihren Vergeltungsakten, sie scheuten sich auch nicht davor zu bekunden, von Hass durchdrungen und gelegentlich auch durch Hass angetrieben gewesen zu sein.

Doch ihrer Rache ging es in diesem Sinne nicht ausschließlich um eine punktuelle Befriedigung durch die Vergeltung. Es ging ihr auch um einen Vorwurf an die herrschende Gleichgültigkeit, um die andauernde Selbstverteidigung und um eine mahnende Botschaft an die zukünftigen Generationen. Die Rache diente als ein Eingriff in die Geschichte, als Akt der Prävention. Für eine Zukunft, in der sich alle sicher sein konnten, dass ein derartiges Verbrechen wie das des Holocaust nicht unbestraft bleiben würde. Es sollte kein Zurück zu der mörderischen deutschen Normalität geben. »Rache ist eure Pflicht. Hört auf ihr Gebot, bei Tag, bei Nacht, rächt das vergossene Blut«, so die Widerstandskämpferin Zippora Birman. »So wie wir angesichts des Todes nicht schweigen.«[124]

Auch der jüdische Brigadesoldat und Rächer Chaim Miller erinnert sich: »Die Nazis haben Millionen Juden misshandelt, gedemütigt, geschlagen, erschossen und vergast. Meine Mutter zum Beispiel wurde nach Riga deportiert und in irgendeinem gottverdammten Wald erschossen.« Dafür habe er sich gerächt.

Chaim Miller war mitunter als britischer Spezialagent im Einsatz, mit einem jüdischen Geheimkommando spürte er nach dem Krieg hochrangige SS- und Gestapomänner auf, entführte sie – unter dem Vorwand, sie zu verhören. Die Gruppe verübte in Wäldern, was sie »den Prozess machen« nannte: Gab es keinen Zweifel an der Schuld des entführten Nazifunktionärs, musste er sein eigenes Grab schaufeln. Und ein Schuss aus der Waffe sorgte dafür, dass der Verurteilte das selbst geschaufelte Grab nicht mehr verließ.[125] Ihm persönlich sei es nie darum gegangen, wahllos die Zivilbevölkerung anzugreifen, meint Chaim Miller. Aber die Schuldigen, die hätten zahlen müssen. »Irgendjemand musste die Täter ja bestrafen.«[126]

~

(ich versuche mir eine welt ohne bestrafung vorzustellen, ich weiß nicht, ob das geht, ich weiß nur, dass wenn ich hasse, dieser polizist in meinem kopf bellt, bestrafung, bestrafung, bestrafung)

~

Rache, allein die Vorstellung. Sie lässt die Kopfhaut kribbeln, das Blut krisseln. Allein die Vorstellung ist verpönt und dennoch, oder gerade deswegen, kulturell allgegenwärtig. Wenn auch in der Fantasie, im Verborgenen, im Kino, in der Literatur, in Mythen, in Träumen. Doch auch in diesem Falle ist entscheidend: Wer schreibt, wer träumt, warum und aus welcher Gegenwart heraus, für welche Zukunft?

~

(ich versuche mir eine welt ohne bestrafung vorzustellen, ich weiß nicht, ob das geht, ich weiß nur, dass wenn ich hasse, dieser polizist in meinem kopf bellt, bestrafung, bestrafung, bestrafung, hass, hass, hass)

~

In ihrem *Denktagebuch* von 1950 schreibt Hannah Arendt: »Die Geste der Verzeihung zerstört die Gleichheit und damit das

Fundament menschlicher Beziehungen so radikal, dass eigentlich nach einem solchen Akt gar keine Beziehung mehr möglich sein sollte. Verzeihung zwischen Menschen kann nur heißen: Verzicht, sich zu rächen, schweigen und vorübergehen, und das heißt: der grundsätzliche Abschied – während Rache immer nah am Anderen bleibt und die Beziehung gerade nicht abreißt.«[127]

~

Die Fixierung ist entscheidend.

~

Ich war sieben, acht Jahre alt, als ich mir jeden Abend vorm Einschlafen folgende Szene ausmalte: Eines Tages würde ich sehr mächtig sein, vielleicht über meine eigene Armee herrschen, zumindest über einen Kreis an Treuergebenen – bereit, meine Befehle auszuführen. Und all jene, die mir Unrecht getan haben, würden sich aufreihen. Und ich würde sie richten. Ich würde mich vor ihnen aufbauen, nein, ich würde dabei nicht auf einem Thron sitzen, aber ich wäre größer, größer als sie alle. Und sie müssten hintereinander vor mich treten, zu zehnt, zwanzigst, dreißigst. Eltern, Schwester, Nachbar*innen, Klassenkamerad*innen. Alle, die mich angeschrien und erniedrigt haben. Ich würde das Urteil verkünden. Und nicht selten war das Urteil in meiner Vorstellung die Todesstrafe. Ich würde sie richten und hinrichten. Das war einer meiner schönsten Tagträume.

~

Im Oktober 2021 stirbt ein bekannter Neonazi. Endlich, denke ich, als ich die Nachricht lese, endlich ist er verreckt. Der Nazi war einer der wichtigsten Akteure und Vernetzer der rechten Szene in Nordrhein-Westfalen. Bekannt für seine Brutalität, mehrfach vorbestraft, unter anderem wegen gefährlicher Körperverletzung. Ich habe gefühlt die Hälfte meiner Teeniezeit damit verbracht, in Nachbarstädten die Naziaufmärsche mit zu blockieren, die er und seine Kameraden organisierten. Seine Fratze hat mich dafür in Träumen verfolgt. Sich über den Tod eines Menschen zu freuen, sei geschmacklos, kommentieren manche auf Twitter, selbst wenn es sich um einen Nazi handle. Das können die nur schreiben, weil der Nazi sie noch nie in ihren Träumen besucht hat.

~

(ich versuche mir eine welt ohne bestrafung vorzustellen, ich weiß nicht, ob das geht, ich weiß nur, dass wenn ich hasse, dieser polizist in meinem kopf bellt, bestrafung)

~

An einem trüben Dezemberabend schaue ich mir zu viele türkische Filmdramen auf YouTube an, anschließend ist meine Stimmung so im Keller, dass ich heulen und zugleich kotzen will.

Darunter ist das Drama *Dönüş* von 1972, das von dem Martyrium der jungen verwaisten Bäuerin Gülcan (Türkân Şoray) erzählt. Ihr frisch Vermählter namens Ibrahim (Kadir Inanır) geht als Arbeitsmigrant nach Deutschland und entdeckt dort das gute Leben für sich: fließendes Wasser, Elektrizität, blonde Frauen. Die zurückgebliebene Gülcan, die vergeblich auf die baldige Rückkehr Ibrahims hofft, ist im Dorf hingegen der Rache des Großgrundbesitzers ausgeliefert, deren Heiratsavancen sie zuvor abgewiesen hatte. Seine männliche, feudale Rache kennt keine Gnade, der Großgrundbesitzer hat sich geschworen, Gülcan zu vernichten, ihr alles zu nehmen, was sie am Leben hält: das Erntefeld, ihren Mann, ihr Kind, ihr Ansehen im Dorf.

Stills aus dem Film Dönüş, Regie: Türkân Şoray, Akün Film 1972

Türkân Şoray hat in diesem unvergesslichen Film nicht nur die Hauptrolle gespielt, sondern auch Regie geführt. Ihre makellose Schönheit, in der türkischen Filmgeschichte gleichsam heilig, vermischt sich in *Dönüş* mit dem Schmutz und der Härte in ihrem Gesicht, ihr sagenumwobener fesselnder Blick weicht dem Entsetzen und Hass über das erlittene Unrecht. Ich zweifle daran, dass es noch viele andere Filme aus den 1970er-Jahren gibt, in denen eine Bäuerin, mit Zorn und Gewehr bewaffnet, ihr Leben gegen die Rache eines Mannes verteidigt.

Auch ein anderer Film, auf den ich stoße, handelt von der Rache. Doch das Milieu ist ein völlig anderes. Das Drama ist in der Istanbuler High Society angesiedelt und trägt den einfachen wie eindrücklichen Titel *Nefret*. Hass. Es handelt sich um eine supertrashige Rivalitätsgeschichte aus den 1980er-Jahren, mit der jungen Hülya Avşar als Tochter und der Filmdiva Fatma Girik als Mutter in den Hauptrollen. Und obwohl ich nach wenigen Minuten ahne, worauf die Handlung hinausläuft, schaue ich weiter, weil mich die Gymnastikanzüge von Hülya Avşar faszinieren.

Ich fasse zusammen: Eine misogyne Tochter hasst ihre superreiche Mutter, die ein Unternehmensimperium besitzt, sie hasst sie abgrundtief, wirklich, so sehr, dieses Motiv muss von allen Beteiligten immer wieder in gequälten Monologen beteuert werden. Und sie hasst sie so sehr, dass sie ihrer Mutter den zwielichtigen Verlobten ausspannt und sich von ihm schwängern lässt. Als dieser jedoch beschließt, die Tochter für die Mutter zu verlassen, erschießt die Tochter ihn. Das alles ist für die Mutter jedoch kein Grund, ihre Tochter zurückzuhassen. Sie nimmt vor Gericht die Schuld auf sich, um ihre Tochter zu schützen.

Ach, die Selbstlosigkeit der Mütter.

Der verantwortliche Filmemacher Osman F. Seden, der zwischen 1955 und 1989 über 120 Filme drehte, hat das Drehbuch von *Nefret* geschrieben. Ich vermute, er gehört zu den Filmemacher*innen, die diese Rivalitäts- und Racheerzählungen zwischen Töchtern und Müttern lieben. Dieses große Tabu mag sie anturnen: dass ein vermeintlich derart natürliches wie starkes Band wie jenes zwischen Töchtern und Müttern durch die Umtriebe eines Mannes torpediert werden könnte. Eine Geschichte, in der selbst das Gebären zum Mittel der Kriegsführung und der Uterus zu einem Instrument der Erpressung werden. Und all das Leid gibt es nur, damit am Ende doch wieder die sich aufopfernde mütterliche Natur triumphiert.

Auch Gülcans Leidensweg und Selbstverteidigung in *Dönüş* mündet in der für sie einzig möglichen Konsequenz: Nein zur Rache, Ja zum Muttersein. Vielmehr läuft diese Entscheidung ihr gleichsam in die Arme, in Form eines blonden Kindes, das der verstorbene Ibrahim ihr hinterlässt. Gülcans eigenes Kind ist ertrunken, die Dorfbewohner haben es ihr auf Befehl des Großgrundbesitzers hin aus den Armen gerissen.

Gülcan und Fatma, so unterschiedlich sie auch sind, vereint ihr Martyrium als Mütter. Ob sie Bäuerinnen sind oder Vorsitzende eines Fabrikimperiums – sie schlucken und ertragen für das größere Wohl. Die Rache des Patriarchats will nicht nur ihre Zerstörung und Kapitulation, sondern ihre Einsamkeit.

~

Ilja, der Hass ist zur Grundlage deines Seelenlebens geworden. Du hast es nicht einmal gemerkt. Dabei sitzt du nun in deinem eigenen Laden, in der Wärme, das bürgerliche Leben, das du dir gewünscht hast, ist nun greifbar nahe, die Armut und die Krankheit, die du an den Gesichtern deiner zwei Freunde abliest, stoßen dich ab. So wie die sollst du nicht enden. Und zugleich ist da die Tristesse deines Alltags, du zählst die Scheine gegen die Tage, es ist ein Minusspiel. Die Liebschaften eine Lüge, die Harmonie der Bürgerlichen eine Fassade. Und der Hass, der fault in deiner Einsamkeit.

»Und wieder nahm von Iljas Seele jene bittere Stimmung Besitz, die schon daraus geschwunden schien – wiederum empfand er den alten Haß gegen die Menschen, grübelte lange und hartnäckig nach über die Gerechtigkeit der Welt, über seine Schuld und das, was ihn in der Zukunft erwartete ... Sollte er immer so weiterleben – vom Morgen bis zum Abend in seinem Laden hocken, ganz allein mit seinen Gedanken beim Samowar sitzen und dann schlafen gehen, um am nächsten Morgen abermals im Laden zu stehen?«[128]

~

Wen oder was wollen wir eigentlich hassen?

A) die Kapitalist*innen oder den Kapitalismus?

B) die *Weißen* oder den Rassismus?

C) die cis Männer oder das Patriarchat?

D) Menschen oder Systeme?

~

Nachts zieht Cassie durch Bars und Clubs. Sie täuscht vor, betrunken, bewusstlos und einsam zu sein. Und dann muss sie nichts anderes tun als zu warten, bis sich auch der scheinbar anständigste Mann in Jackett und Krawatte nähert wie eine Fruchtfliege, die vom vergorenen Obst angezogen wird. Er wird Cassie unter dem Vorwand, helfen zu wollen, nach Hause schleppen und sie zu vergewaltigen versuchen.

Cassie (Carey Mulligan) ist die Protagonistin des Oscar-prämierten Thrillers *Promising Young Woman* (2020). Und sie verspricht den ahnungslosen Gewalttätern eine lehrreiche Nacht. Ihre Bestrafungsformen sind so vielfältig wie kreativ, sie verlässt sich nicht auf rohe körperliche Gewalt, sondern auf den Horror der psychologischen Kriegsführung. Sobald Cassie völlig nüchtern aus der angeblichen Ohnmacht erwacht und den angeblichen Helfer auf frischer Tat ertappt, ist es nun an ihm, sich vor dem weiteren Verlauf dieser Nacht zu fürchten. Er hat sich seine Scharfrichterin selbst ins Haus geholt.

Hier verwirklicht sich beispielhaft, was der Philosoph Fabian Bernhardt als die rationale Komponente und den langfristigen Planungsaufwand der Rache bezeichnet:[129] Cassie geht bei ihrem Feldzug so nüchtern vor wie eine auf Effizienz getrimmte Projektmanagerin, die ausgewählte Repräsentanten patriarchaler Gewalt einer persönlichen Umerziehungskampagne unterzieht. Ihre Rache ist eine Warnung, sie will eine Lektion erteilen, um andere weibliche Personen zu schützen.

Ihre Methode bewährt sich. Doch die Vergangenheit holt Cassie im Laufe des Films ein, der Putz der Zeit bröckelt von ihrer abgeklärten Fassade. Sieben Jahre zuvor, als Cassie noch als eine vielversprechende Medizinstudentin galt, wurde ihre beste

Freundin Nina von einer Gruppe von Kommilitonen vergewaltigt. Weder die Universität noch die Polizei schenkten ihren Anschuldigungen Glauben. Kurze Zeit später starb Nina. Und nun sollen die Verantwortlichen zahlen. Cassie holt zum letzten Vergeltungsschlag aus.

Ist Cassie nun der feministische Gegenpart zu Fatma und Gülcan? Immerhin bleibt sie der Gewalt des Patriarchats gegenüber nicht handlungsunfähig. Sie fordert die Gewalt heraus, sie schlägt zurück, systematisch und treffsicher. Zwar opfert auch sie sich am Ende für ihre Mission (sorry, Spoiler!), doch die Selbstlosigkeit ist nicht die Eigenschaft, die ihr Wesen und ihre Existenzberechtigung in *Promising Young Woman* bedingt. Der Film gibt Raum für Cassies Trauma, ohne ihr Leid auszuschlachten. Er führt seine Protagonistin nicht vor, ergötzt sich nicht an ihrem vermeintlichen Scheitern. Er zweifelt nicht an ihrer Perspektive, an der Berechtigung ihrer Subjektivität als Betroffene, die in einem patriarchalen, feindseligen, ignoranten Rechts- und Gerechtigkeitsgefüge der eigenen Geschichte und Betroffenheit Geltung verschafft – sich *empowert*.

Und zugleich lässt sich an diesem Beispiel mustergültig das Problem vieler moderner Erzählungen von Empowerment ablesen: Cassies Rachefeldzug und Selbstjustiz werden individualisiert. Und somit aus der Sphäre des Gemeinschaftlichen und Politischen ausgeschlossen. Cassie hat keine Mitstreiter*innen, Cassie braucht keine Mitstreiter*innen. Als einsame Kämpferin nimmt sie es auf sich, auf die allgegenwärtige Gewalt zu antworten, doch antwortet sie dabei nicht auf viel mehr als auf die Symptome eines gewaltvollen Patriarchats als System. Somit bestätigt sie auf diese Weise die »Unvermeidbarkeit« der Gewalt, wie es die Philosophin Elsa Dorlin formuliert.[130] Denn wer immer nur gegen Symptome kämpft, kommt nicht dazu, sich eine Vorstellung einer anderen Zukunft zu machen. Cassies Trauma bleibt ihre Gegenwart, ihre Rache reduziert ihre Subjektivität auf die emotionale Betroffenheit. Sie führt kein nachhaltiges, politisches Programm herbei, keine Organisierung, keinen öffentlichen Protest, kein Eingreifen in gesamtgesellschaftliche Strukturen.

Genauso verhält es sich mit den meisten feministischen oder antirassistischen Ansätzen von Empowerment, die derzeit in aller Munde sind und meinen Instagram-Feed fluten. Empowerment kann bedeuten, das eigene Recht auf Selbstbestimmung und Ermächtigung zu entdecken. Es kann bedeuten, neue Antwortmöglichkeiten auf die Vergangenheit und Gegenwart zu formulieren. Mehr Optionen als die eigene Zerstörung. Empowerment kann bedeuten, sich als handlungsfähiger Mensch erfahren zu können. Doch individuelles Empowerment darf nicht das Endziel sein, denn das wäre nicht mehr als »softe[r] Neoliberalismus«, wie es Dorlin nennt.[131] Viele einzelne empowerte Menschen schaffen kein neues Rechts- und Gerechtigkeitsgefüge.

Gülcan, Fatma und Cassie haben auf den zweiten Blick mehr gemeinsam, als zunächst ersichtlich ist: Sie sind sehr einsam. Und der Hass und die Rache haben nur dann eine widerständige Schlagkraft, schaffen nur dann eine neue Welt, wenn sie mehr sind als punktuelle, subjektive Ausbrüche.

~

Der Ruf nach Rache habe nicht lange angehalten, schreibt C. L. R. James.[132] Die Aufständischen auf Saint-Domingue seien überraschend zurückhaltend gewesen und weitaus menschlicher, als die französischen Kolonisator*innen es je gewesen seien.

»Als die Revolution an Territorium gewann, verschonten sie viele der Männer, Frauen und Kinder, die sie auf den Plantagen überraschten. Nur gegenüber den Kriegsgefangenen kannten sie keine Gnade«, fügt er hinzu. »Doch keiner der Berichte aus dieser Zeit schildert so teuflische Folter wie etwa das Begraben *weißer* Männer bis zum Hals und das Beschmieren der Löcher in ihren Gesichtern, um Insekten anzulocken, oder das Sprengen mit Schießpulver oder andere Praktiken, die den Tausenden Bestialitäten, denen sie ausgesetzt waren, ähneln würden.«[133]

Die ehemaligen Versklavten erwiderten die Gewalt mit Gewalt. Doch weder die Formen noch die Absichten der Gewalt glichen sich. »Die Grausamkeiten des Besitzes und der Privilegien sind immer ausufernder als die Rache der Armut und Unterdrückung«, so James, »Denn Ersteres zielt darauf ab, die Ungerechtigkeit fortzusetzen, Letzteres ist eine vorübergehende Leidenschaft.«[134]

Die Gegengewalt der Revolution war ein Befreiungsschlag, ein Ausbruch aus der Lähmung zweier Jahrhunderte, in der die Versklavten nichts anderes erfahren hatten als die Zerstörung. Und doch waren sie mehr als das. 1804 werden die ehemaligen Versklavten, die Revolutionäre, nach einem 13 Jahre andauernden Befreiungskampf den unabhängigen Staat Haiti ausrufen. Es ist eine der bedeutendsten Revolutionen des 19. Jahrhunderts.

~

»Ich hasse Männer«, flüstere ich, während ich am Esstisch meine Notizen sortiere. Meine Mutter blickt plötzlich von ihrem Puzzle auf, in das sie vertieft war. Es zeigt Venedig in der Abenddämmerung.

»Was sagst du da? Du hasst Männer?«

»Ich? Nein, also ja, schon, manchmal, aber nein, das schreibt eine französische Autorin.«
»Auweia«, murmelt meine Mutter, sie senkt wieder den Blick und lässt ihn über die 1000 Puzzleteile schweifen. »Auweia, wer wohl so etwas schreibt? Denn, ich ... ich hasse Männer auch!«

~

Es soll ein Fest des Hasses sein. Des Männerhasses. Die französische Autorin Pauline Harmange hat 2020 das Buch *Ich hasse Männer* veröffentlicht und damit über Frankreich hinaus teils panische Aufmerksamkeit erregt. Denn sie hat ein Manifest der Misandrie verfasst, der systematischen Männerfeindlichkeit. Daher die Panik.

Sie sehe in der Misandrie einen Ausweg, meint Pauline Harmange, eine Gegenthese zur Misogynie, die Misandrie als eine Absage an die für weibliche Personen vorgezeichneten Wege, Verhaltensweisen, Körperlichkeiten und Tätigkeiten.[135] In diesem Sinne verstehe ich Pauline Harmanges Misandrie auch als eine Antwort auf die Figur der sanften Frau, der die Autorin Ann-Kristin Tlusty in ihrem Buch *Süß* nachspürt.[136] Sie ist eine Absage an die weiblich markierte Diplomatie und Harmonie, an die schmutzige Fürsorgearbeit.

Die Misandrie ist für Pauline Harmange nicht nur eine selbstbestimmte Wiederaneignung der Projektion der männerhassenden aggressiven Feministin. Der Hass soll auch Gemeinschaft stiften: »Es ist unser gutes Recht, die Männer und alles, was sie darstellen, zu hassen. Es ist auch ein Fest. Wer hätte gedacht, dass in der Misandrie so viel Freude steckt? Diese Geisteshaltung lässt uns, anders als die patriarchale Gesellschaft uns weismachen will, weder verbittert noch einsam werden. Ich glaube, der Hass auf Männer eröffnet der Liebe zu den anderen Frauen (und zu uns selbst) in allen denkbaren Formen die Türen.«[137]

Der gemeinsame Hass soll Frauen einen Weg aus der patriarchalen Isolation bieten. Denn ein Fest lässt sich ja nicht alleine feiern! Und sosehr ich Pauline Harmange die Feierlichkeiten gönnen und literweise Cocktails wünschen will – vor meinem inneren Auge sehe ich mich schon die Party mit Sonnenblumengirlanden dekorieren –, lese ich ihre Zeilen nicht ohne Unbehagen. Nein, da stimmt etwas nicht.

Erstens: Da beansprucht eine *weiße* Frau aus einer Nation, die – von Nordamerika über West-, Zentral- und Nordafrika bis nach Südostasien – die halbe Weltkarte brutal kolonisierte und sich bis heute mit imperialen Kriegen einen Namen macht, *alle* Männer zu hassen. Hasst sie also auch die neukaledonischen Männer, die immer noch um ihre Unabhängigkeit von Frankreich kämpfen? Oder sind das für sie gar keine Männer, denen ihr Hass gelten könnte? Wenn nein, warum? Hasst sie auch die Männer im globalen Süden, die in Minen und auf Feldern für den französischen Wohlstand ausgebeutet werden? Wenn ja, mit welchem Recht?

Oder hasst Pauline Harmange nur *weiße* Männer französischer Staatsangehörigkeit? Doch hasst sie dann auch trans Männer? Migrantische Männer? Ausgebeutete Männer? Feministische Männer? Hat Harmanges Hass eine Fixierung?

Sind das überhaupt die richtigen Fragen?

Einerseits ist mir bewusst, dass ich Pauline Harmange bei ihrem vermeintlichen Hass auf alle Männer nicht wortwörtlich nehmen darf. Denn zwischen den Zeilen entpuppt er sich lediglich als eine ablehnende (und berechtigte) Haltung gegen Konzepte von cis Männlichkeit – gegen Männlichkeit als eine sozialpolitisch hergestellte Kategorie der Macht, Unterdrückung und Straflosigkeit. Außerdem bekundet Harmange immer wieder, ihren Ehemann zu lieben (was ich in der Sprache junger Menschen ebenso als cringe bezeichnen würde). Und der ist immerhin auch ein Mann. Auch wenn er wahrscheinlich nicht zum Fest des Männerhasses eingeladen ist.

Doch auch die Gästeliste, also das *Wir* des Hasses, bereitet mir Unbehagen. Nicht nur weil etwa nichtbinäre Menschen zum Fest erst gar nicht eingeladen zu sein scheinen, zumindest finden sie bei Pauline Harmange keine Erwähnung. Ich könnte Pauline Harmange bitten, die Liste zu ergänzen. Doch das schiene mir nicht mehr als eine verzweifelte Verschönerungsmaßnahme.

Denn das Problem offenbart sich im tiefsten Kern der Festtagsorganisation, und zwar in der Festlegung jener Eigenschaft, die Menschen überhaupt den Eintritt zum Fest ermöglicht: ihre Geschlechtsidentität. Und diese scheint in Pauline Harmanges Manifest starr und völlig losgelöst von Fragen nach Klasse und Rassifizierung in transnationalen, kapitalistischen Verhältnissen zu funktionieren.

Das Fest von Pauline Harmange soll die Solidarität zwischen Frauen feiern, einen Safe Space bieten, der ihre Verbundenheit ohne männliche Störfaktoren besiegelt. Aber ihr fehlt die politische Weitsicht, um etwa zu berücksichtigen, dass nicht nur cis Männer vom Patriarchat profitieren und dieses System der Ausbeutung und Vernichtung verteidigen. Harmange unternimmt in ihrem Buch nicht einmal den Versuch, das Patriarchat als

Unterdrückungssystem zu entlarven, das auch Frauen, andere weibliche Personen und nichtbinäre Menschen immer wieder als Kompliz*innen der Verhältnisse produziert – weil auch sie etwa von der Ausbeutung von Näher*innen im globalen Süden profitieren, weil auch ihr Wohlstand auf der Ausbeutung migrantischer Frauen fußt, die die Wohnungen wohlhabender *weißer* Frauen putzen, denen als selbsternannte Girlbosses die Zeit und Nerven dazu fehlen.

Pauline Harmanges Fest des Hasses verspricht die Erfahrung der Solidarität, doch diese vermeintlich bedingungslose Solidarität unter Frauen ist nicht nur trügerisch, sondern auch nicht erstrebenswert. Denn nicht jede Frau teilt meine politischen Visionen einer Welt ohne Ausbeutung. Auch Frauen sind rechts, faschistisch, ausbeuterisch. Diese Feststellung mag banal klingen, doch bleibt sie in liberalen Feminismen einem *empowernden* einheitlichen Pseudo-Wir zuliebe meist unbeachtet.

Um es mit den Worten der Politikwissenschaftlerin Jodi Dean zu erklären: »Man ist hier der Fantasie einer Ganzheit oder Gewissheit verhaftet, der Illusion jenes reinen Ortes, mit der wir uns versichern, im Recht zu sein und auf Seiten der Engel zu stehen. Diese Einbildung versperrt die Sicht darauf, dass Identitäten selbst gespalten, umstritten und Ort des Klassenkampfes sind.« Identitäten, so Dean, seien eher Schauplätze als Grundlage oder Mittel des Kampfes.[138]

Doch Pauline Harmanges Männerhass verlässt sich auf die Identität und erhebt sie zum Mittel des Kampfes. Jene, die kämpfen, finden nicht aufgrund einer gemeinsamen politischen Vision zusammen. Die Zugehörigkeit ist bedingt durch das Geschlecht – und zugleich bedingungslos. Sie stellt keine Erwartungen, weil

Menschen in ihrem Handeln keine Bedingung zu erfüllen brauchen, um dem Fest beizuwohnen. Sie müssen nur (gewesen) *sein*. Betroffen *sein*. »Wenn nur noch die Identität übrig ist, kann es vernünftig sein, sich daran zu klammern«, so Jodi Dean. »Zumindest – und allen Widrigkeiten zum Trotz – überlebt man.«[139]

So existenziell diese gemeinsame Erfahrung und Betroffenheit im ersten Moment auch sein mag, so begrenzt ist sie. Außerdem, ich werde nicht müde, diese Frage zu stellen: Reicht uns das Überleben? Wollen wir nicht mehr? Was kommt eigentlich nach dem Fest? Worin liegt die politische, solidarische Vision einer feministischen Zukunft nach Pauline Harmange, die über schale Identitätszuweisungen hinausgeht?

Natürlich hasse auch ich (cis) Männer. Nicht alle, aber viele. Ich hasse sie aber nicht aufgrund einer vermeintlich unveränderbaren Natur. Das würde bedeuten, dass ich von ihnen nichts mehr zu erwarten habe. Das würde Resignation bedeuten. Aber ich erwarte von ihnen verdammt viel.

»Wer uns vorwirft, wir wollten alles zerstören, begreift nicht, dass der Feminismus, wie wir ihn verstehen, die Befreiung von jeder patriarchalen Unterdrückung zum Ziel hat – und damit das Gemeinwohl«, schreibt das chilenische Performancekollektiv LASTESIS in seinem feministischen Manifest *Verbrennt eure Angst*. »Wir sind nicht gegen alle Männer, wohl aber gegen Personen, die patriarchales, unterdrückendes und gewalttätiges Verhalten decken oder sogar fördern, angefangen bei Frauenmördern, Vergewaltigern und Übergriffigen bis hin zu Erzeugern, die ihre Kinder verlassen. Außerdem lehnen wir das mörderische gesellschaftliche und politische System aus Kapitalismus und Patriarchat ab.«[140]

LASTESIS erlangte durch die Performance *Un violador en tu camino* (*Ein Vergewaltiger auf deinem Weg*) transnationale Berühmtheit. Und selbstverständlich spricht und schreibt das Kollektiv aus einer politischen Realität heraus, die mit der hiesigen nicht vergleichbar ist. Der Kampf vieler indigener, südamerikanischer Feminist*innen ist ein gefährlicher Kampf an vielen Fronten und von existenzieller Dringlichkeit gegen die tägliche Gewalt. Dekolonisierung ist hier keine akademische Floskel, sondern eine notwendige tägliche Praxis, eine notwendige Gegenmacht, die sich dem entgegenstellt, was die Anthropologin Rita Laura Segato die *Pädagogik der Grausamkeit* nennt: die Vorherrschaft des männlichen Prinzips als eine Pädagogik der emotionalen Abstumpfung, Korruption, des Bürokratismus, Entfremdung und Entwurzelung, Universalität und der »begrenzte[n] Bindungen und Beziehungen.«[141]

Dieser Feminismus weiß um die Brutalität eines kapitalistischen patriarchalen Neokolonialismus, in dem sich die Gewalt an Natur und Mensch potenziert und der sie allseits tödlich treffen kann. Er weiß, wie deutsche Panzer über diese Geografien walzen, und er weiß, dass die Gewalt keine nationalen Grenzen kennt. Und gerade von solch einem radikalen, internationalistischen, multiperspektivischen Befreiungskampf müssen europäische Feminist*innen lernen.

Ihr Feminismus sei das Ergebnis einer Suche, schreibt LASTESIS. Er sei das Ergebnis eines Verdachts, »was dir keine Ruhe lässt, ist das bestehende System, in dem alles zum Konsumgut wird: Körper, Tiere, Natur, Erfahrungen.«[142] Ihr Feminismus sei ein Akt des Widerstandes und Mutes angesichts des Erbes eines historischen globalen politischen Systems, das auf Angst und Terror setze und besonders feminine und transfeminine Körper verletzte. Sie wollten mehr Gerechtigkeit für alle Frauen und alle anderen Menschen, die wegen ihres Geschlechts, ihrer Sexualität und Körperlichkeit unterdrückt werden, so das Kollektiv:

»Wenn sich patriarchale cis Männer auf dem Weg dorthin unterdrückt fühlen, dann ist es nach unserer Überzeugung an ihnen, sich um einen Platz in diesem Kampf zu bemühen.«[143]

Die Suche, der Verdacht, das Unbehagen, das Donnern kennt kein Geschlecht. Das Donnern erwartet. Es erwartet von allen, für eine gerechtere Welt verantwortlich zu zeichnen.

Dieser Modus der Erwartungshaltung ist auch für Jodi Dean ausschlaggebend. In ihrem Buch *Genossen!* fragt sie sich, wie die Ansprache als »Genoss*innen« Menschen politisch mobilisieren kann. Dieses Konzept lebe von einer Solidaritätserwartung. »Genossenschaftlichkeit (*comradeship*) ist ein politisches Verhältnis stabilen, dauerhaften Schutzes«, schreibt sie. »Das Konzept ›Genosse‹ interessiert mich als Modus der Ansprache, als Träger von Erwartungen und als Symbol der Zugehörigkeit in den kommunistischen und sozialistischen Traditionen.«[144] Sie begreife die Ansprache als Genoss*in als allgemeine Chiffre für das politische Verhältnis von Menschen auf derselben Seite einer politischen Barrikade.[145]

Zwar lässt sich die Barrikade auf einer gemeinsamen Identität oder Geschichte errichten, als Fundament, das die Menschen zusammengebracht hat. Aber was die Barrikade aufrechterhält, ist der Ausdruck einer Handlung, der eine politische Überzeugung und Entscheidung vorausgeht. Nicht die Vergangenheit und auch nicht nur die Gegenwart halten die Barrikade aufrecht, auf deren einen oder anderen Seite sich diese Menschen versammeln. Sondern die Zuversicht und Erwartung, dass die anderen diese nicht aufgeben.

Dieser Zustand erfordert einen von Grund auf zukunftsgewandten Blick, der Zustand verlangt von Menschen, die eigene Barrikade immer wieder auf den Prüfstand zu stellen, sich und einander zu fragen, was sie gemeinsam sind und werden können. Es ist ein Bündnis, das sich einander verspricht. Und sich mit diesem Versprechen zu weiteren gemeinsamen Handlungen hinbewegt. »Es geht nicht darum, in einem phantasmatischen Unter-sich in Sicherheit zu sein«, so die Philosophin Elsa Dorlin, »sondern darum, Territorien zu errichten und zu schaffen, von denen aus man die Wut politisieren und kapitalisieren kann, um den Kampf zu erklären und zu führen.«[146]

Die Barrikade ist ein Versprechen. Und sie ist ein Fest. Ein Fest des Hasses und der Zärtlichkeit zugleich. Es donnert bis in die Morgenstunde und weiht den Sonnenaufgang ein. Und es gibt Cocktails.

~

Wen gilt es also zu hassen? Das Patriarchat oder die Profiteur*innen des Patriarchats? Systeme oder Menschen?

Es gibt für diese Frage keine universelle Antwort. Jede Zeit, jeder Kontext, jedes Gefecht erfordert eine eigene Antwort, eine eigene Strategie, eine eigene Barrikade. Aber ich kann mir sechs Faustregeln vorstellen:

1) Menschen zu hassen, muss immer die letzte Option bleiben.

2) Die Frage, welche Menschen ich dann (nicht) hasse, könnte davon abhängen, von welchen Menschen ich noch etwas erwarten kann (oder nicht).

3) Ich sollte von so vielen Menschen wie möglich etwas erwarten.

4) Dann bin ich gut beraten, jene zu hassen, die aus der Ferne meine Barrikade brennen sehen wollen. Die, die das Benzin und die vermeintlichen Wahrheiten in die Welt bringen und deren Wohlstand es ohne den Brand nicht gäbe.

5) Und manchmal die, die mutwillig das Feuer legen und sich in Verachtung an seinen Flammen wärmen.

6) Menschen zu hassen, muss immer die letzte Option bleiben. Aber wenn, dann sollte ich alles in den Hass legen, ganz so, als würde das Morgen davon abhängen.

~

»Also … ich sage mal, ich hasse nicht alle Männer«, fährt meine Mutter fort und vervollständigt mit einem Puzzleteil die Konturen eines Brückengeländers. »Ich hasse 95 Prozent der Männer … oder nein, sagen wir … sagen wir doch eher 99!«

~

Über die Kollaborateur*innen der herrschenden Ökonomien und Systeme des Hasses könnte ich viele, viele Bücher schreiben. Über die, die das Benzin reichen. Die, die unbeeindruckt zusehen. Die, deren *dirty care* in einer auch ihnen feindseligen Welt zur Kompliz*innenschaft mit dem Schmutz wird. Die, die ihre eigene Haut retten würden, indem sie anderen die Haut abziehen. Die, die danach trachten, den Hass, den sie unter der Haut spüren, in Verachtung gegen ihresgleichen zu gießen und auch gegen die, deren Haut noch bedrohter ist. Die, die aus den herrschenden Politiken der Verachtung eigenen Profit schlagen. Antifeministische Frauen, rassistische Menschen, die von Rassismus betroffen sind, Jüdinnen*Juden in der AfD, arme Menschen, die arme Menschen und Lohnarbeiter*innen, die Lohnarbeitslose verabscheuen, Streikbrecher*innen, die Bäuer*innen, die für den Großgrundbesitzer jagen. *Ulan*, keine Barrikade würde lange brennen, wenn es euch nicht gäbe!

~

Gülcan und Fatma trennt die Einsamkeit, die ihnen gemeinsam ist, doch könnte sie der Hass vereinen? Die Bäuerin und die Unternehmerin, zwei so unterschiedliche Mütter, im gemeinsamen Krieg gegen Misogynie und das Patriarchat, das könnte ein Kassenschlager im Kino werden. Eine Kollektivität über die Unterschiede hinweg, ein Ausbruch aus der Isolation, das wäre doch ganz im Sinne von Harmange. Aber stimmt es, dass das Patriarchat Gülcan und Fatma gleichermaßen trifft? Wenn ja, warum müssen Gülcans Felder brennen und Rinder sterben, warum wird selbst die Natur, von der sie sich nährt, zu einem Mittel der Vernichtung ihres Körpers, der verhungern und sterben soll? Gülcan hat sich ihr Martyrium nie ausgesucht, wohingegen sich Fatma noch vor Gericht mit Würde und Selbstachtung verteidigt. Und nach all dem Leid wird auf sie ein warmes Essen und ein gefülltes Bankkonto warten. Gülcan, willst du die Solidarität dieser Istanbuler Fabrikantin, die deinen Körper am Fließband rupfen lassen würde wie ein Huhn? Was unterscheidet sie von dem Großgrundbesitzer? Die verschleierte Brutalität? Das gebrochene Lächeln? Das gebrochene Herz? Gülcan, du birgst genug Hass in dir, um die Feudalherren und Fabrikant*innen gleichermaßen zu hassen.

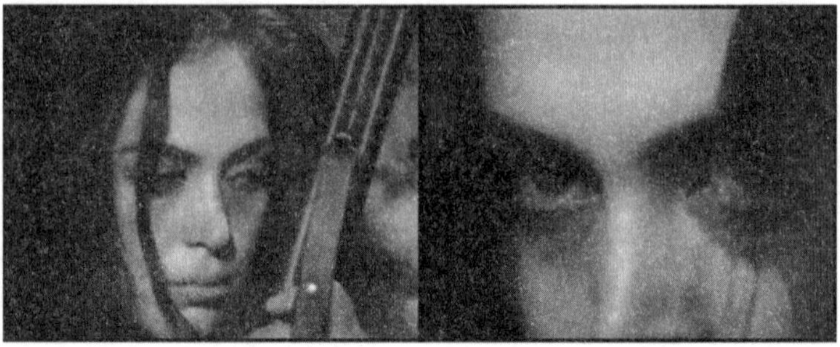

Stills aus dem Film Dönüş, Regie: Türkân Şoray, Akün Film 1972

~

Instagram spült eine Textkachel in meinen Feed, auf rosafarbenem Hintergrund steht dort in schwarzer Schrift in englischer Sprache: »Dein*e romantische*r Partner*in sollte nie die Nummer eins in deinem Leben sein. Die Nummer eins in deinem Leben sollte immer sein, Milliardär*innen zu hassen.« Ich teile den Post und schreibe dazu: »Radikale Zärtlichkeit.«

~

Ilja, das ist dein Ende. Bereut hast du nie. Das erwarte ich auch nicht. Doch bist du nicht vereinsamt, hat sich das befriedigende Wohlgefühl der Rache an dem Wucherer, das Ergötzen über die eigene Überlegenheit nicht abgenutzt? Was nun? Jakow wird sterben. Pawel schließt sich den Revolutionären an, er schreibt Worte in Gedichte, Worte in Zeitungen, Worte, die nähren und die Herrschenden auffressen sollen, er muss den Hunger nicht mehr alleine hassen. Ilja, das ist deine Chance, ein neues Zuhause wartet auf dich und deinen Hass. Was hält dich zurück? Ist es zu spät? Hat sich dein Hass bereits in hungrige Verachtung gewandelt? Entscheidend ist doch die Fixierung! Doch deine Verachtung wird sich zügellos in das gutbürgerliche Idyll ergießen, nach dem du dich so lange sehntest, du stehst da, ganz alleine, umgeben von diesen kleinbürgerlichen Geiern, die saufen und trinken, deine Vermieter*innen haben zum Fest geladen, da sprudelt es förmlich aus dir heraus, der Hass, der nun Verachtung ist, Entsetzen, die Verzweiflung, die dir den Magen verstopft:

»Ich will jetzt reden ... Ich schau' euch an – wie ihr freßt und sauft, euch gegenseitig betrügt ... und keinen Menschen liebt ... Was wollt ihr eigentlich hier auf Erden? Ich hab' nach einem sauberen, anständigen Leben gestrebt ... es gibt keins! Nirgends gibt's ein solches! Bin nur selbst dabei beschmutzt und verdorben worden ... Ein guter Mensch kann unter euch nicht leben – er muss verkommen. Gute Menschen martert ihr zu Tode ... Und ich ... Ich bin böse, unter euch aber bin ich wie eine schwache Katze im dunklen Keller, unter lauter Ratten ... Ihr – seid überall! Ihr richtet, ihr regiert, ihr macht die Gesetze ... Ekles Geschmeiß ...«[147]

Nun gestehst du ihnen den Mord an dem Wucherer, der versammelten Fest- und Fressgesellschaft, du schreist ihnen nicht nur deine Verachtung ins Gesicht, sondern schmierst sie in dein eigenes, du fällst dein eigenes Todesurteil. »Das Gewissen hat wohl nicht schweigen wollen?«, wird dich der Polizist fragen, den das Geschmeiß zu Hilfe holt. »Es gibt kein Gewissen«, wirst du antworten. Und wie recht du hast, dich hat nicht das Gewissen getötet, dieser verlogene, selbstgerechte Garant der bürgerlichen Moral, sondern die Einsamkeit. Du rennst gegen die Wand. Das ist dein Ende, mein Freund.

~

Ich bin keine acht Jahre mehr alt, ich will die Machtlosigkeit, die ich verspüre, nicht durch Allmachtfantasien kompensieren. Ich sitze auf keinem Thron, ich bin gegen alle Throne. Alle Throne sind gegen uns. Ich versuche mir eine Welt ohne Bestrafung vorzustellen. Denn jemanden zu bestrafen, bedeutet, jemanden zu beherrschen, Macht über sie*ihn zu gewinnen, sie*ihn zu konsumieren. Ich will niemanden konsumieren. Ich weiß nicht, ob ich mir eine Welt ohne Bestrafung vorstellen kann, ohne die Bestrafung, die aufhorchen und tippeln lässt. Ich fürchte mich noch heute wie ein Kind davor, bestraft zu werden. Die Bestrafung ist eine der ersten Sprachen, die ich gelernt habe, sie ist eine der wenigen Sprachen, die meine Mutter fließend spricht, weil sie als Frau, als Migrantin, als Arbeiterin gelernt hat, dass die Zungen der Bestrafung die Welt beherrschen.

Die Bestrafung ist meine erste Muttersprache.

Ich weiß nur, dass wenn ich hasse, dieser Polizist in meinem Kopf bellt: Bestrafung, Bestrafung, Bestrafung. Denke ich an die Rache, denke ich an die Befriedigung durch Bestrafung. Denke ich an Gerechtigkeit, denke ich an Bestrafung. Irgendjemand muss die Täter*innen doch bestrafen! Doch muss sich der widerständige Hass auf ewig in der Sprache der Bestrafung äußern? Wenn die Bestrafung das Nein zum Status quo ist, welche Jas zur Welt müssen mit ihr einhergehen? Wenn der widerständige Hass die Umkehrung der Herrschaftsverhältnisse will, wie sehen dann politische Beziehungen ohne Bestrafung aus? Oder – halt, zwei Schritte zurück:

Eine neue Sprache braucht eine eigene Barrikade, doch wie erschafft man überhaupt eine Barrikade des Hasses, hinter der nicht nur in der Sprache der Bestrafung gesprochen wird? Eine Barrikade, die die Unterschiedlichkeit der Menschen, die sich hinter ihr versammeln, nicht sanktioniert? In der Menschen einander nicht beherrschen wollen? Wie schafft man es, dass der Hass und der Wille zur Bestrafung die Barrikade nicht von innen zerfrisst? Die Barrikade ist das Wir des Hasses, aber dieses Wir ist brüchig. Das habe ich bereits geschrieben. Das ist seine Voraussetzung. Denn auch das Wir ist Schauplatz von Kämpfen.

~

»Wir sind voller berechtigter Wut. Und wir wollen diese Wut rauslassen. Und ein schneller wie einfacher Weg scheint die reflexartige Kollektivbestrafung in Bewegungen zu sein«[148], schreibt die Aktivistin und Mediatorin adrienne maree brown. In ihrem Manifest *We Will Not Cancel Us: And Other Dreams of Transformative Justice* fragt sie sich, wie Menschen, die sich miteinander engagieren, wie Genoss*innen in politischen Befreiungsbewegungen mit Leid, Konflikten und Missverständnissen umgehen. Wie könnte eine kollektive Herangehensweise aussehen, die sich nicht auf Reflexe der Bestrafung reduziert? Online wie offline?

In den meisten Bewegungen herrsche kein gemeinsames Verständnis über die Unterscheidung zwischen Konflikt, Verletzung und Missbrauch, meint brown und unterscheidet selbst wie folgt: *abuse* versteht sie als ein Handeln, das durch psychische, physische oder sexualisierte Verletzungen Macht über andere ausüben soll. Auf der anderen Seite ist *harm* als das Leid oder der Schmerz zu verstehen, den Menschen, die von Missbrauch betroffen sind, erfahren können. Aber genauso können auch Konflikte oder Missverständnisse Leid erzeugen. Und das ist nicht immer vermeidbar.

Diese Differenzierung sei elementar, um gemeinsame Strategien auszuarbeiten, die auf unterschiedliche Situationen von Leiderfahrungen antworten, so brown. »Aber online scheinen wir auf alles mit derselben Energie zu antworten – durchweg mit Bestrafung, die wir viel zu häufig genießen.«[149]

Wie auch brown erwarte ich keinesfalls von Betroffenen sexualisierten, physischen oder psychischen Missbrauchs, ihre Täter*innen nicht bestrafen zu wollen. Sie haben ein Recht darauf, die Bestrafung öffentlich und lautstark zu fordern. Täter*innen genießen auf dieser Welt schon viel zu lange den Schutz der Öffentlichkeit, der Gesetze und Normen. Mir geht es auch nicht darum, Personen der Öffentlichkeit in Schutz zu nehmen, die mit rassistischen oder queerfeindlichen Äußerungen Aufmerksamkeit und Einschaltquoten generieren, um sich dann auf dem altbekannten »Ich habe das doch gar nicht so gemeint« auszuruhen und eine halb gare Entschuldigung hinterherzuschieben.

Es braucht den widerständigen Hass auf die Herrschaft der Gewalt und des Schweigens auch im Internet, und dort hat er sich bereits vor langer Zeit organisiert. Er hat sich auf verschiedenen Plattformen Bahn gebrochen, die marginalisierte Menschen nutzen, um Muster und Systeme der Unterdrückung zu entlarven: Sie klagen die rassistischen, genozidalen, sexistischen und ausbeuterischen Lügen und Verklärungen an, die von Parteien, Gruppen, Medien und auch Einzelpersonen geschaffen werden.

Mit Kampagnen wie #deutschrapmetoo, #KonsequenzenfürLuke oder #KeineBühneFürTäter fordern etwa feministische Aktivist*innen Konsequenzen für Prominente, die nach Vorwürfen sexualisierter Gewalt unbehelligt über die Bühnen des Landes touren. Das sogenannte *Outcallen* ist das notwendige wie einfache Instrument, das Betroffenen von Gewalt dabei hilft, sich in den sozialen Medien Gehör für ihre Erfahrungen zu verschaffen. Ja, sie stellen ihre mutmaßlichen Täter*innen an den virtuellen Pranger. *Cancel Culture* nennen das Antifeminist*innen verächtlich und vermutlich auch jene, die immer noch auf die Mittel des Rechtsstaates pochen, Stichwort: Unschuldsvermutung. Aber die gilt meist sowieso nur dann, wenn die Vorwürfe mächtigen, verehrten, *weißen*, cis Männern gelten. Die anderen, wie ich im ersten Kapitel schrieb, sind sowieso qua Existenz verdächtig.

Das Outcallen ist nicht nur eine Maßnahme, die vermeintliche Harmonie der Gegenwart zu stören, das Vergessen anzuklagen, das jene zurücklässt, die in der Wiederholung des Traumas ausharren müssen. Es kann eine Form der Selbstermächtigung sein, der Rache und, ja, auch der notwendigen Bestrafung. Für viele Betroffene ist ein öffentliches Outcallen das letzte Mittel, das sie nicht leichtfertig anwenden. Denn Outcalls, vor allem jene, die sexualisierte Gewalt adressieren, bedeuten oft Gegengewalt: Betroffene werden bedroht, ihre Glaubwürdigkeit infrage gestellt.

Doch adrienne maree brown geht es in ihrem Manifest um eine Kritik an Outcalls, die hinter einer gemeinsamen Barrikade manchmal zu leicht von der Hand gehen. Outcalls, die Menschen ins Visier nehmen, die ihre Macht nicht systematisch für rassistische, sexistische und andere menschenfeindliche Gewalt und Hetze nutzen, weil sie gar keine Macht haben. Outcalls, in denen sich der Hass nicht als strategische Bewegung äußert, sondern in denen sich die heiße, unmittelbare Wut, ausgelöst durch einen Streit oder ein Missverständnis, durchschlägt. Outcalls, die nicht organisiert und kollektiv ablaufen, sondern oftmals persönliche Fronten der Verletzung aufmachen.

Es geht um Reflexe, die ich an mir selbst beobachte, wenn mich Diskussionen in den sozialen Medien unbefriedigt zurücklassen, wenn ich den Kopf über Analysen und Äußerungen von Menschen schütteln muss, mit denen ich zwei Tage zuvor noch gemeinsam auf einer Demonstration marschierte. Die Wut brodelt dann in meinem Bauch. Denn das sind Menschen, von denen ich etwas erwarte, mehr erwarte.

Das sind Menschen, mit denen sich meine Pfade auf dem Weg in eine radikal zärtliche Gesellschaft ohne kapitalistische, patriarchale, kolonialrassistische und antisemitische Gewalt immer wieder kreuzen – ohne dass ich der Illusion eines konfliktfreien geschlossenen Wirs anhängen würde. Mir geht es um Situationen, in denen ich mich fragen muss: Mit wem suche ich erst einmal das persönliche Gespräch? Wann bringt ein Outcallen die politische Debatte tatsächlich voran? Wann ist es ein Mittel des organisierten Widerstandes, analog wie im Internet? Wann streichelt es nur mein eigenes Ego?

Online seien wir schneller dran, Fremden unsere Solidarität zuzusprechen, als uns mit Genoss*innen auf wirklich fordernde Aushandlungen und Diskussionen einzulassen, meint adrienne maree brown. Und tatsächlich verquirlen im Internet Worte und Sätze oftmals zu einem undurchsichtigen, wabernden Brei. Solidaritätsbekundungen werden genauso schnell untergerührt wie Self-Care-Tipps in Kriegszeiten. Die Worte und Sätze verkochen, sie haben oftmals keine Fixierung, sie siechen in endlosen Monologen vor sich hin.

Doch selbst ich habe weder die Zeit noch die Muße, mich zwischen Lohn- und Fürsorgearbeit sowie politischen Versammlungen auf ewige, mühsame Diskussionen im Internet einzulassen. Und grundsätzlich schaue ich Menschen, mit denen ich mich streite, lieber ins Gesicht. Und auch eine weitere Annahme stört mich. Manchmal höre ich von Freund*innen, die politische Wortgefechte zwischen Einzelpersonen auf sozialen Plattformen kommentieren: *Die sind doch eigentlich alle auf derselben Seite! Was haben die denn? Warum streiten die so? Ihr seid doch alle links!*

Dabei ist es so anmaßend wie illusorisch, Menschen gleich auf *derselben* Seite zu verorten, nur weil sie sich aufgrund ihrer Herkunft oder politischen Verortung an manchen Kreuzungen und im Internet treffen. Natürlich wünsche auch ich mir linke Bewegungen, in denen politische Konflikte nicht in zynischen Hottakes auf Twitter ersticken. Auch ich wünsche mir eine Gegenwart, in der sich politische Gespräche aus der horizontalen Verflüssigung retten, sich in der Tiefe verfestigen und in der Menschen mit Worten und Sätzen eine nachhaltige Spur der Gedanken und Gefühle graben, mit Umwegen und Sackgassen. Denn wo es keinen Konflikt gibt, kann es nur Einsamkeit geben.

Die Diagnose der vermeintlichen Gleichheit verkennt Realitäten, Dynamiken und Risse, Widersprüche und Hierarchien in politischen Beziehungen, auch innerhalb der politischen Linken, einem brüchigen wie auch manchmal aufgeblasenen Wir, das durchzogen ist von Rassismus, (hetero / cis) Sexismus oder Ableismus. Dass Menschen sich an manchen Kreuzungen treffen, bedeutet nicht, dass zwischen ihnen nicht gleichzeitig Kilometer von Differenzen sowie Erfahrungen von Gewalt und Ausschlüssen liegen können.

Manchmal kann der Hass innerhalb einer solchen Kreuzung, online wie offline, eine Auflehnung gegen die Behauptung der Gleichheit sein, ein Bekenntnis der Sich-Kreuzenden fordern, in welche Richtung sie gehen, welche Abzweigung sie nehmen wollen. Ja, das klingt vielleicht nach dem verrufenen *Du bist entweder für uns oder gegen uns*. Doch wer diesem Buch bis hierher gefolgt ist, weiß, dass nicht alles, was verrufen ist, verrufen bleiben muss.

Die für mich wichtigere Frage wäre dann: Was lässt sich aus diesen Momenten der Brüche und Uneinigkeit mit hinter eine Barrikade tragen, ohne dass sie im Internet verhallen – sei es der Hass oder die Zärtlichkeit? Wie lässt sich der strategische Hass, der im Internet auch in Form von Outcalls aufschlägt, kollektiv auf die Straße tragen? Wie kommt der Konflikt aus den sozialen Medien heraus, wie bricht er die Bahnen der herrschenden Gegenwart, und das nicht nur punktuell?

Ich weiß, ich stelle zu viele Fragen, und ich beantworte zu wenige. Ich entschuldige mich damit, dass jede Zeit und jeder Raum eine eigene Antwort braucht. Ich entschuldige mich damit, dass die Suche nach neuen Antworten und Geschichten keine einsame sein kann. Und gerade die Frage nach menschlichen Beziehungsweisen erfordert das gemeinsame Suchen mehr als alles andere, und es ist auch die Frage nach der Vision einer Zukunft, die uns unweigerlich gemeinsam ist. »Wir müssen in unseren Bewegungen lernen, uns für das Leben zu entscheiden, selbst in Konflikten«, schreibt adrienne maree brown.[150]

Ich wünschte, ich könnte mich an allen Kreuzungen im Konflikt für das Leben, für die Zärtlichkeit entscheiden und in der Zärtlichkeit für den Konflikt. Ich weiß, dass das illusorisch bleibt, solange es analog wie digital an Bedingungen einer transformierenden und heilenden Gerechtigkeit fehlt, die andere Möglichkeiten bietet als die manchmal notwendige gegenseitige Bestrafung.

Ein Streit, der nicht nur ein Nein zur Gegenwart, sondern auch ein Ja zur gemeinsamen Zukunft voraussetzt, braucht Zeit und Muße. Und die spätkapitalistischen Gefühlskulturen, die neoliberalen Verhältnisse, in denen wir arbeiten und leben, erfordern andauernd das Gegenteil: keinen Konflikt und kein Aushandeln, sondern Linearität, Verwertbarkeit, Beschleunigung auf der Überholspur des individuellen und kollektiven Erfolgs. Und manchmal das reine Überleben. Ein fruchtbarer Streit wächst in unerwartetem Rhythmus und braucht zugleich ein Einvernehmen über die Worte und Frequenzen, in denen Menschen sich gemeinsam eines Konflikts annehmen, damit sie die Möglichkeit haben, auch auf jene Fragen gemeinsame Antworten zu formulieren: Wo verlaufen die Grenzen zwischen Konflikt und Gewalt? Welche Konflikte gehören ausgehalten, welche nähren bloß das Trauma und erzeugen Verletzungen? Das sind Fragen, die jeder menschlichen Beziehung, ob politischer oder romantischer Art, zugrunde liegen – und die mir in den vergangenen Jahren in Gesprächen mit Leser*innen begegnet sind. Zärtlichkeit, aber bis wohin? Zärtlichkeit, aber für wen?

Ich weiß, dass sich miteinander bewegen, sich miteinander verändern und sich füreinander verantwortlich machen Momente und Orte des ständigen Aushandelns sind. Das Aushandeln, das Graben in der Tiefe, das Ringen um eine andere Sprache braucht Räume und Zeit, Infrastrukturen des Gemeinsamen.

Und daraus mache ich keinen Hehl: Die Verhältnisse in unserer Gesellschaft sind dagegen. Alle Throne sind gegen die Zärtlichkeit, kleine wie große. Auch ihrer Zerstörung muss die Barrikade gelten, wenn sie neue Beziehungen verheißen will. Doch was kommt zuerst? Und wie höre ich das Flüstern jener Welt ohne Throne, die bereits ihren Weg durch die Trümmer findet, wenn es in meinem Kopf doch immerzu bellt? Bestrafung, Bestrafung, Bestrafung.

~

In Achille Mbembes Schrift *Politik der Feindschaft* stoße ich auf einen Begriff des antiken Philosophen Platon: *pharmakon*.[151] Er bezeichnet ein Medikament, das als Heilmittel und Gift zugleich wirkt. Der Hass ist ein *pharmakon*.

~

ŞK: <3

KM: *@therealkarlmarx has blocked you

~

vorahnen
vorspüren
zuvorkommen
vorbeugen
umgehen
abwenden
abwehren
vorbereiten

verhindern
verunmöglichen
bewahren
beschützen
vorsorgen
Fürsorge
dirty care

Was ist das doch für eine Welt, die sogar jene Tätigkeit verschmutzt, ohne die es keine Zukunft für niemanden gäbe?

~

Abolitionismus kommt aus dem Lateinischen *abolere*. Zerstören. Als politische Theorie und Praxis geht der Abolitionismus davon aus, dass Systeme der Unterdrückung wie der Kolonialismus oder das Patriarchat nicht reformierbar sind. Er verlangt ihre vollständige Zerstörung, ihre Abschaffung mitsamt ihren staatlichen und sozialen Strukturen. Doch der Abolitionismus fordert auch das Erschaffen, den Aufbau von Netzwerken, Infrastrukturen und Institutionen, die das Leben schützen und bejahen. Er ist eine Bewegung der Gleichzeitigkeit.

Seine Ursprünge hat der Abolitionismus in der Bewegung zur Abschaffung der Sklaverei, die sich von Portugal über England bis in die USA im 19. Jahrhundert formierte. In den 1960er-Jahren entstand in dieser Tradition die Prison-Abolition-Bewegung, angeführt von Schwarzen Sozialist*innen. Abolitionismus ist deren Antwort auf Polizeigewalt. Ihnen ging und geht es nicht schlicht um die Reform rassistischer Polizeipraktiken, etwa durch die Abschaffung von Racial Profiling. Dem Abolitionismus geht es um eine grundlegende Ablehnung der Institution Polizei und der mit ihr einhergehenden Gesetze der Kriminalisierung als Produkt und Stabilisator kolonialer, kapitalistischer Verhältnisse. Und er klagt an, dass die Reformen der Gefängnisse und Polizei nicht dazu dienen, den Menschen, die von Polizei- und Justizgewalt betroffen sind, zu helfen, sondern das Gewissen der großen Mehrheit zu beruhigen, die von dieser Gewalt erst gar nicht betroffen ist. Er klagt an, dass die Sicherheit, die diese Institutionen herstellen sollen, lediglich die Unantastbarkeit der herrschenden, besitzenden Klassen garantiert.

»Die moderne Polizei ist Mitte des 19. Jahrhunderts entstanden. Schon damals war sie an die Verteidigung und Kontrolle von rassifizierten und vergeschlechtlichten Besitz- und Ausbeutungsverhältnissen gebunden. Das hat sich in Europa an Kontrollen von Sinti und Roma gezeigt, wurde aber auch in Kolonien sichtbar«[152], erklärt die Soziologin Vanessa E. Thompson in einem Interview. Und tatsächlich lässt sich die Entstehungsgeschichte zu den Anfängen der Industrialisierung in Europa zurückverfolgen: Um den Bedarf an neuen Arbeitskräften zu deckeln, brauchte es Gesetze und Regelungen, um die Menschen, die ohne festen Wohnsitz und ohne Hab und Gut waren – etwa Sinti und Roma oder Sexarbeiter*innen –, festzusetzen, zu illegalisieren und zur Lohnarbeit zu nötigen.[153] Es brauchte neue Politiken der Bestrafung.

Diese Methoden der Nutzbarmachung von Körpern für ihre Ausbeutung wurden vor ihrer Umsetzung in Europa in den bestehenden Kolonien erprobt. »Wir können die Entstehung der modernen Polizei nicht verstehen, ohne über den Kolonialismus nachzudenken«, so Thompson. »Das heißt übrigens nicht, dass die heutige Polizei wie die Kolonialpolizei ist. Aber dieser Zusammenhang ist wichtig, um zu verstehen, wie bestimmte Praktiken trotz Wandel immer noch fortwirken.«[154]

Der Abolitionismus zerlegt den Komplex aus Polizei, Strafanstalten und Rechtsprechung in seine gewaltsamen Einzelteile. Er entlarvt, dass auch dieses System dem Profit und der Rentabilität unterstellt ist. Die Abolitionistin und Revolutionärin Angela Davis hat sich in ihrem Aktivismus und ihren Schriften dem gefängnisindustriellen Komplex gewidmet: »Mittlerweile schließt er nicht nur öffentliche und private Gefängnisse ein«, so Davis. »Den lukrativsten Sektor der privaten Gefängnisbranche bilden aber Auffanglager für Immigrant*innen. Das erklärt, warum die repressivsten Gesetze gegen Immigrant*innen von privaten Sicherheitsfirmen formuliert worden sind. Es ist der unverhüllte Versuch ihrer Profitmaximierung.«[155] In Europa bezeugen das Einrichtungen wie Frontex, die Europäische Agentur für die Grenz- und Küstenwache, an die jährlich mehrere Hundert Millionen Euro fließen, und das mit einem Zweck: um arme, rassifizierte Menschen auf der Flucht von europäischen Außengrenzen abzuhalten, sie zurückzudrängen und gefangen zu nehmen.

Gefängnisse und Internierungslager würden von der Weigerung des Staates zeugen, die tatsächlichen Probleme anzugehen, meint Angela Davis: Armut, Ausbeutung und imperiale Kriege. »Wir verinnerlichen das Gefängnis als einen Ort, an den böse Menschen gebracht werden. Auch genau aus diesem Grund müssen wir immer bedenken, dass die Prison-Abolition-Bewegung ebenfalls diese ideologischen und psychischen Fragen angehen sollte. Es geht nicht nur darum, Institutionen und Einrichtungen materiell abzuschaffen.«[156]

Gemeinsam mit den Autor*innen und Aktivist*innen Gina Dent, Erica R. Meiners und Beth E. Richie hat Angela Davis außerdem das Manifest *Abolition. Feminism. Now.* verfasst. Den abolitionistischen Feminismus verstehen sie als eine Arbeit des Sowohlals-auch, die mehr fordert als leere Schnelllösungen für private und politische Gewalt, eine Bewegung auf widersprüchlichem Terrain, die sich den binären Logiken von »Entweder-oder« entgegenstellt à la: entweder mehr Polizei oder mehr sexualisierte Gewalt. Entweder praktische, alltägliche Solidarität und Fürsorge für besonders gefährdete vulnerable Menschen oder radikale Forderungen, die unsere Gesellschaft aus den Angeln heben. Entweder Ja oder Nein. Entweder Sicherheit oder Freiheit.

Entweder Hass oder Zärtlichkeit.

»Wir sind uns darüber im Klaren, dass der Kampf gegen geschlechtsspezifische Gewalt die Arbeit gegen den industriellen Gefängniskomplex einschließen muss«, so die Autor*innen, »gegen Grenzpatrouillen, gegen die Inhaftierung von behinderten Menschen, gegen die Kriminalisierung von radikaldemokratischem Protest – und ebenso zentral ist der Kampf für gegenseitige Hilfe, polizeifreie Schulen, reproduktive Gerechtigkeit und die Würde von trans* Menschen.«[157]

Der Abolitionismus fordert ein anderes Verständnis von Gerechtigkeit ohne staatliche Gewaltformen, er fordert ein anderes Verständnis von Sicherheit, eine andere Sprache als die Bestrafung. Abolitionist*innen wissen, dass Sicherheit für alle nicht aus Überwachung und Bestrafung erwächst, sondern durch menschenwürdige Lebensbedingungen und Entkriminalisierung, etwa von Drogendelikten, die in den USA wie auch in Europa meist illegalisierte, rassifizierte junge Männer und trans* Menschen reihenweise in die Gefängnisse schickt.

Und nein, die Polizei wird sich nicht von einem Tag auf den anderen auflösen. Ja, ihr sollen konsequent die Gelder gestrichen werden. Doch allein die Vernichtung von dem, das herrscht und schadet, reicht nicht. Mit der Zerstörung muss der Aufbau anderer Organisations- und Beziehungsarten einhergehen. Es geht darum, die Gründe zu beseitigen, warum Menschen überhaupt denken, die Polizei brauchen zu müssen.

Diese Arbeit umspannt die radikale Transformation aller Institutionen, die eigentlich Fürsorge statt Bestrafung anbieten sollten: Jugendämter, Gesundheitsämter oder Familienämter. Im Vordergrund steht die Frage: Wie kann eine Gesellschaft aussehen, in der die Bedingungen des Wohnens, des Arbeitens und des Miteinanders so gestaltet sind, dass Menschen erst gar nicht gewalttätig werden? Dass sie die Möglichkeit haben, sich gemeinsam um die verwundbarsten Individuen der Gesellschaft zu sorgen, ohne sie zugleich zu kriminalisieren?

»Für mich und meine Weggefährt*innen gründen unser abolitionistischer Kampf und unsere Zukunft auf Dekolonisierung, Gerechtigkeit für Menschen mit Behinderung, ökologische Gerechtigkeit und Sozialismus«, schreibt die Juristin und Aktivistin Derecka Purnell in ihrem Manifest *Becoming Abolitionist*. »All das erfordert die politische Bildung der Massen und das Bekenntnis, diese Dinge mit Menschen verstehen und diskutieren zu wollen, mit Menschen, die wir lieben und mit denen wir uns in unseren Gemeinschaften organisieren.«[158]

Der Aufbau einer neuen Gesellschaft nimmt alle Mitglieder in die Verantwortung, auch bei der Frage nach Recht und Gerechtigkeit. Ansätze der sogenannten transformativen Gerechtigkeit suchen neue, kollektive Antworten auf die Gewalt und ihre Folgen. Sie ebnen Wege aus dem ewigen Kreislauf von Gewalt und Bestrafung.

Diese Ansätze bemühen sich darum, Menschen, die Gewalt erfahren haben, selbst entscheiden zu lassen, was sie für ihre Heilung brauchen – und dafür gemeinschaftliche Unterstützung und Infrastrukturen anzubieten: durch Reflexions- oder Mediationsgespräche mit den Täter*innen, in denen die Betroffenen ihre Wünsche und Bedürfnisse äußern können, oder durch einfache materielle Entschädigungen.

Die Antworten auf Verletzungen und Trauma sind vielfältig. Und vor allem muss jede Gewalt auf ihre soziopolitischen Wurzeln hin untersucht, also radikal durchdrungen werden: Welche gesellschaftlichen Verhältnisse, welche Selbstverständnisse, welche Normen, Regeln und Abhängigkeiten haben die Gewalt begünstigt? Und wie lassen sie sich in Zukunft vermeiden? Welche Mittel der Selbstverteidigung für besonders verletzbare Menschen in der Gesellschaft sind notwendig?

Transformative Gerechtigkeit versteht die Vergangenheit nicht als abgeschlossen, sie verlangt aber auch kein einfaches Zurück zu dem, was mal war. Warum sollte ein Mensch in seinem Trauma verharren wollen, sich zurück in die Gewalt der ständigen Wiederholungen einbuddeln? Transformative Gerechtigkeit ringt um andere Worte und Sätze für die Gegenwart, um eine andere Sprache der Zukunft. Die Verhältnisse und Beziehungen zur Welt müssen transformiert werden, damit es für alle eine Zukunft geben kann, auch für die, die nur Wiederholungen kennen. Und dazu müssen sich die Muster und Strukturen der Unterdrückung aufheben.[159]

»Die Werkzeuge, die schnell und rücksichtslos Gerechtigkeit herstellen sollen, fühlen sich gut an, vertraut, liegen leicht in der Hand von wiederholtem Gebrauch und Training, liefern schnelle Befriedigung«, schreibt adrienne maree brown. »Aber diese Werkzeuge sind oft stumpf und sinnlos. Solange wir keine Analyse der Abschaffung und des Abbaus von Unterdrückungssystemen zur Verfügung haben, werden wir nicht erkennen, welche anderen Werkzeuge wir zur Hand hätten, wir werden niemals die Werkzeuge des Feindes niederlegen und herausfinden, was unsere Werkzeuge sind und sein können.«[160]

Der Abolitionismus weiß um das revolutionäre Potenzial menschlicher Beziehungen. Jede Bewegung, jedes Zermalmen braucht politische Gefühle und politische Beziehungen. Jede Revolution braucht Menschen, die füreinander verantwortlich zeichnen, jede Revolution braucht den Hass, aber auch die Fürsorge und Zärtlichkeit. Und Letztere sind allseits bedroht, durch die Gewalt und die Hierarchien in einer rassistischen, patriarchalen Kultur der ausbeuterischen Verwertung von besonders verletzbaren Körpern. Eine Kultur, deren Pädagogik der Grausamkeit, wie sie Rita Laura Segato benennt, nicht nur in alle Beziehungsweisen sickert.[161] Der Abolitionismus, wie ich ihn verstehe, weiß, dass es den strategischen Hass auf die Unterdrückung geben muss, das Nein zu dem, was uns verletzt und fremd macht, und die Jas zur Gerechtigkeit unter dem Vorzeichen der gegenseitigen Fürsorge.

Der Abolitionismus ist keine leere Utopie und kein akademisches Hirngespinst, wie ihn seine Kritiker*innen gerne belächeln. Es geht dieser Bewegung der Gleichzeitigkeit nicht nur darum, »Raum für das zu schaffen, was wir uns noch nicht vorstellen können«, wie die Autor*innen von *Abolition. Feminism. Now.*[162] schreiben, »sondern gleichzeitig zu fordern, dass sich diese Praxis bereits verfestigt, entfaltet und im Alltag verankert – im Hier und Jetzt. Vision und Praxis stehen nicht im Widerspruch zueinander (…) sie sind die beharrliche Vorwegnahme der Welt, von der wir wissen, dass wir sie brauchen.«[163]

Kollektive Ansätze von transformativer Gerechtigkeit, Basisdemokratie und gemeinschaftlicher Konfliktlösungen werden an verschiedenen Orten der Welt praktiziert, etwa von Menschen, die sich auf die Sicherheitsstrukturen des Staates nicht verlassen können, die sich selbst schützen und verteidigen müssen, in indigenen oder Schwarzen Gemeinschaften auf dem amerikanischen Kontinent bis nach Rojava. Und genau dort will ich nach Antworten suchen, die ich allein nicht formulieren kann. Auch dort scheint jene neue Welt im Werden begriffen.

~

»Sie werden uns nicht zum Schweigen bringen, das System zerstört sich selbst, der Zerfall ist gut zu sehen.
Heute können wir
mehr denn je zum Gegenangriff übergehen
das Vermummungsverbot ist am Arsch
Covid hat die Zeit zerrieben
Das Kollektiv ruft: vereinen wir uns!
zerschlagen die Polizei als Institution
(…)

Die Polizei beschützt mich nicht, mich schützen
meine Freundinnen.«

– LASTESIS, Videoperformance Manifest gegen Polizeigewalt[164]

~

Bomben fallen wieder auf Rojava.

April 2022, auf den Videos im Internet sehe ich den Qualm aus den sandfarbenen zerrütteten Stadtvierteln und den braun befleckten Landstrichen steigen wie aus vielen versprenkelten Vulkanen. Ich fahre mit meinem Cursor auf Google Maps über die Linien und Formen dieser Geografie, ich zoome in die Stadt hinein. Nach Kobanê. Dort, wo assyrische, arabische, kurdische, turkmenische und viele andere Menschen 2012 die demokratische Konföderation Rojava ausriefen und den IS besiegten. Die Maps-Aufnahme trügt. Sie zeigt zwar die Ruinen der umkämpften Stadt, aber nicht den Qualm. Sie will von der immer wiederkehrenden Gegenwart des Krieges nichts wissen. Nichts davon, dass es in Kobanê wieder brennt. Dort brennen Menschen.

Dorthin, wo der Cursor ruht, habe ich hinfahren wollen. Nicht um vorrangig über Bomben und Brände zu schreiben. Ich hatte vor, dieses Buch mit einem utopischen Ausblick auf gerechtere Zeiten, auf andere Gesellschaften zu beenden. Ich hatte vor, im Frühling nach Rojava zu reisen, mit meinen Fragezeichen im Kopf. Denn ich habe ja versprochen – mehr noch: gehofft –, dort Antworten zu finden, die ich in meinem Archiv des Hasses und der Zärtlichkeit vermisse: Was braucht Gerechtigkeit, was braucht eine radikal zärtliche Gesellschaft? Und ist eine Gesellschaft ohne Hass überhaupt möglich?

Rojava ist ein Sehnsuchtsort. Für meine Freund*innen, für mich, für uns, die nach Utopien dürsten, nach Visionen einer Gesellschaft, die den Hass einer patriarchalen, rassistischen, kapitalistischen Gesellschaft, die Menschen und die Natur auszehrt, sie als Besitz und Besitzende gegeneinander ausspielt, überwinden will. Eine Gesellschaft, in der sich der Hass auf die Unterdrückung in eine gemeinschaftliche Politik der Zärtlichkeit transformiert.

Doch über diese Revolution lässt sich nichts erzählen, ohne über die dauernde Gegenwart der Bomben und Brände zu schreiben.

Seit Tagen führt die Türkei einen Angriffskrieg gegen die Verteidigungseinheiten in Rojava. Auch im Süden Kurdistans, dem Norden des irakischen Staates, hat sie eine Großoffensive gestartet, gemeinsam mit der dortigen Autonomieregierung, unter dem Vorwand, bewaffnete Kämpfer*innen der Arbeiter*innenpartei PKK zurückzudrängen, zu vernichten. Mit Bodentruppen, Panzern, mit Bomben, mit Drohnen. Sie schlagen immer wieder auch in Rojava ein, auf zivile Autos und Häuser, mitten ins Herz der Revolution – der Frauenrevolution, in der sich die Frauen der Region politische Mitbestimmung, das Recht auf den Co-Vorsitz in allen Institutionen, das Recht auf Bildung, das Recht auf Scheidung erkämpft haben. Die deutsche Bundesregierung verliert kaum ein Wort darüber, dass ein militärisch verbündeter Staat, die NATO-Partnerin Türkei, die Überlebenden des IS-Terrors bombardiert, vermutlich wieder mit deutschen Waffen. Auch die selbst ernannte feministische Außenministerin schweigt.

Was habe ich mir auch erhofft? Immerhin erledigt die Türkei für die NATO die lästige Drecksarbeit an den gemeinsamen Sicherheitsgrenzen. Sie bekämpft unliebsame Rebell*innen. Die Türkei hält Europa die Geflüchteten vom Hals, die Türkei vermittelt im russischen Angriffskrieg, die Türkei schickt Drohnen in die Ukraine. Sie leistet ihren Beitrag für Frieden und Sicherheit in Europa.

FRIEDE, FREUDE, EIERKUCHEN

Ich habe eigentlich nach Rojava fahren wollen. Der Blick auf die Bomben hat mich gelähmt, ich habe in meiner Angst Wurzeln geschlagen. Und nun sitze ich hier, starre mit ausgebrannten Augen auf meinem Bildschirm, in meinem Kopf verkokeln Satzanfänge zu kaltem Staub. Ich schaue mir die Videos des Krieges an, und die Angst überwältigt mich, und der Hass.

Wie weit soll mich dieser verdammte Cursor auf der Suche nach meinen Antworten bringen, frage ich mich. Ich versuche das orangefarbene Menschlein auf Google Maps für eine Street-View-Aufnahme ins Stadtzentrum zu setzen, doch sogar das Menschlein weigert sich, es zappelt und flüchtet dann zurück zu seiner Startposition. Wie lässt sich unter der ständigen Androhung von Vernichtung überhaupt etwas transformieren, etwas Neues schaffen? Wie lässt sie sich organisieren, die Zärtlichkeit? Plötzlich klingen alle Worte leer und sperrig. Trans-for-ma-ti-ve Ge-rech-tig-keit, Silben, lauter gebrochene, falsche Silben.

Und doch soll genau das passieren, in Rojava, gleichzeitig, während die Landschaften qualmen. Ich wünschte, ich wäre dieses orangefarbene Menschlein auf Google Maps und mein Cursor könnte mich in eine Plattformverhandlung setzen. Die Plattform ist neben richterlichen Beschlüssen und Jurys eins von vielen Gerechtigkeitskomitees in Rojava. Vertreter*innen aus der Gesellschaft – manchmal mehr als 100 Menschen – verhandeln hier Fälle von schwerer Gewalt, Mord oder etwa sexualisiertem Missbrauch. Sie sollen die Hintergründe der Tat beleuchten und unter Einbeziehung der Betroffenen Vorschläge für ein Gerichtsurteil erarbeiten.[165]

Weitere Gerechtigkeitskomitees sind beispielsweise die Versöhnungskommission, die etwa bei nachbarschaftlichen oder familiären Konflikten die betroffenen Parteien ins Gespräch bringt, um eine gemeinsame Lösung zu finden. Ähnlich arbeitet das Dialogkomitee. Das Komitee der Weisen besteht aus Vertreter*innen der ethnischen Gruppen und Stämme, es ist eine Art Rat der Ältesten. Dieser kommt bei Streitfragen zwischen mehreren Familien und gesellschaftlichen Gruppen zum Einsatz. Offiziell hat jeder Mensch einen Anspruch auf ein Gerichtsverfahren, unabhängig von den finanziellen Mitteln.

Die Komitees und Kommissionen sollen garantieren, dass Gerechtigkeitsfragen nicht in die Entscheidungsmacht einzelner Institutionen fallen. Sie nehmen die Mitglieder der Gesellschaft in die Verantwortung, Konflikte nach Maßstäben der Moral, Fürsorge und Solidarität selbst zu lösen oder zumindest daran einen Anteil zu tragen. Alle Lösungswege sollen sich von der kleinsten Ebene ausgehend entwickeln, von der Familie, Gemeinschaft, Nachbar*innenschaft oder Kommune – also von dort aus, wo die Menschen ihre sozialen Lebensmittelpunkte verorten.[166]

Ja, auch diese Gesellschaft soll befriedet werden. Doch das soll sie aus sich selbst heraus. Die Vision lautet, eine politisierte, moralische Gesellschaft auszubilden, in der Gerichte und Gefängnisse überflüssig werden. In der Menschen gemeinsam Problemen und Konflikten vorbeugen, Ungerechtigkeiten vorspüren, bevor sie sich verfestigen, füreinander sorgen. *Care*-Arbeit machen, ohne dass sie als *dirty care* verschmutzt.

Ich weiß, in Silben und Worten klingt das geradezu unglaubwürdig, unvorstellbar. Ich wollte diese Arbeit daher sehen, mit eigenen Augen. Aber nun muss ich mir das scheinbar Unvorstellbare vorstellen, eine Gesellschaft, die eine neue Sprache der Gerechtigkeit und Zärtlichkeit erprobt. Ich stelle mir arbeitende Münder vor, die zittern und diskutieren, arbeitende Gesichter, deren Winkel sich verkanten, Stirne, auf denen Schweiß und Sorgenfalten stehen. Menschen, die miteinander um Entscheidungen und um eine gemeinsame Zukunft ringen.

Und doch beantwortet meine Vorstellung nicht meine Fragen: Kann diese Arbeit der transformativen Gerechtigkeit in der Praxis funktionieren? Wie läuft die Urteilsfindung ab? Wie unabhängig urteilen die Menschen? Wie reagieren die Täter*innen? Sind diese demokratischen Gerichtsurteile eine Mogelpackung? Eine Trickserei, nichts als Performance, Getöse, um das Bellen in den Köpfen nach Bestrafung, Bestrafung, Bestrafung zu kaschieren? Und alle Anwesenden zu Kompliz*innen der Strafe zu machen?

Und was wird aus dem Hass, löst er sich in Luft auf? Was wird aus der Rache? Zwischen Menschen und zuvor verfeindeten Völkern?

Ich stelle zu viele Fragen und beantworte zu wenige.

Ich folge meinem Cursor auf den »Nachricht versenden«-Button. Ich schreibe meine Fragen auf und leite sie an die Nachrichtenagentur Rojava Information Center weiter. Ich bitte Frauen aus Rojava um Antworten. Als Erstes antwortet mir Parween Muhammad Amin Youssef. Die 36-Jährige ist Co-Vorsitzende des Bezirksrats des Kantons Qamishlo, der neun Bezirke und 26 Städte umfasst. Sie schreibt mir:

»Gefühle wie Rache und Hass lassen sich nur bekämpfen, wenn Gemeinschaften, die unter Unterdrückung und allen Formen von Ausrottung, Nichtanerkennung und Ausgrenzung gelitten und sich gegenseitig bekämpft haben, die Möglichkeit haben, ihre Forderungen zu stellen und miteinander auszuhandeln. Der Boden für die Koexistenz der unterschiedlichen Gruppen wird auch dadurch bereitet, dass sie in die demokratische Selbstverwaltung einbezogen werden, in Räten und Komitees über ihre Belange entscheiden und damit zu Miteigentümer*innen des gemeinsamen demokratischen Projekts werden. Und es muss allen erlaubt sein, etwa in der eigenen Muttersprache oder gemäß der eigenen Religion in der Schule unterrichtet zu werden und die eigene Geschichte kennenzulernen. Das wird mit Vorträgen und Workshops auch durch das Komitee für Versöhnung und durch das Kulturkomitee vertieft, die damit beauftragt sind, eine Kultur der Zärtlichkeit und des Zusammenlebens zu fördern.

Gerichte allein stellen keine Gerechtigkeit her. Unsere Revolution ist in erster Linie eine geistige Revolution, die die patriarchale Mentalität in der Familie und in der Gesellschaft, die sich auch in den Gerichten, der Verfassung und den Gesetzen widerspiegelte, angreift.«

Die Frauen in Rojava haben nicht nur teils bewaffnete Selbstverteidigungsgruppen gegründet. Sie haben auch darüber hinaus Gerechtigkeitsstrukturen geschaffen, die auf ihre Widerstände in einer patriarchalen Gesellschaft reagieren. In Rechtsakademien bilden sie etwa Frauen aus, die in Familien und Gemeinschaften intervenieren. Sie arbeiten oft in den sogenannten *Mala Jin*, diese dienen als Frauenhäuser, Anlauf- und Mediationsstellen für Betroffene patriarchaler Gewalt. Das erste *Mala Jin* wurde bereits mit Beginn der Revolution im Jahre 2011 errichtet, mittlerweile gibt es zwei Dutzend *Mala Jin* in der gesamten Region.[167] Außerdem gründeten Frauen 2016 das ökologische selbstverwaltete Dorf Jinwar, der Name bedeutet übersetzt *Ort der Frauen*. Hier sollen sie selbstbestimmt leben und ihren Alltag organisieren können. Manche von ihnen sind vor ihren Familien geflohen, andere haben ihre Familien im Krieg gegen den IS verloren.

Nisreen Al-Ali ist 26 Jahre alt und Sprecherin einer Frauenvereinigung in Manbij in der Nähe von Aleppo. Sie antwortet mir:

»Unsere Frauenvereinigung ist eine soziale, kulturelle, politische, wirtschaftliche, ökologische und intellektuelle Einrichtung. Sie gilt als Anlaufstelle für alle Frauen in den vier vom IS befreiten Regionen Manbij, Raqqa und Deir ez-Zor. Wir bemühen uns, die Frauen der Region zu vereinen, egal welcher Religion und Herkunft. Ich persönlich habe seit der Revolution mehr Selbstvertrauen, und es fällt mir leichter, mich öffentlich zu gesellschaftlichen Angelegenheiten zu äußern.«

Fast zur selben Zeit, in der mich die Antworten von Parween Muhammad Amin Youssef und Nisreen Al-Ali erreichen, schreibt mir eine Person auf Instagram. Sie möchte anonym bleiben. Eine Woche später kann ich die Nachricht nicht mehr finden, ich habe sie verloren in meinem Posteingang, der ein Friedhof begonnener Konversationen ist. Doch ich erinnere mich genau an den Inhalt und gebe ihn in eigenen Worten wieder:

»Es ist nicht alles so, wie es gerne dargestellt wird, in Rojava. Ich habe dort gelebt, meine Familie lebt immer noch dort. Die Funktionen in den Ämtern sind zwar zwischen den Geschlechtern gleichberechtigt aufgeteilt, doch die Entscheidungen fällen immer noch die Männer. Auch das friedliche Zusammenleben zwischen den Völkern funktioniert nicht, manche Gruppen werden bevorzugt. Kritiker*innen werden ruhiggestellt oder gefangen genommen.«

In Rojava regiert die Partei der Demokratischen Union (PYD). Funktionäre und Anhänger*innen der größten Oppositionspartei – deren Teile der Türkei nahestehen – werfen ihr immer wieder Einschüchterungsversuche, bewaffnete Angriffe[168] und den Volksverteidigungseinheiten Rojavas Zwangsrekrutierungen vor. Zwar sollen die Menschen die Entscheidungen in den Kommunen demokratisch treffen, doch bislang fanden keine überregionalen Wahlen statt.

Die PYD steht auch in der Kritik, mit der Assad-Diktatur zu kooperieren. Nach dem Rückzug der US-amerikanischen Truppen, die die Befreiung Rojavas vom IS unter anderem mit Luftangriffen unterstützt hatten, vermittelte Russland ein militärisches Abkommen mit dem syrischen Diktator zum gemeinsamen Schutz vor islamistischen Milizen und auch türkischen Truppen. Bewaffnete Gruppen, die loyal zur Assad-Diktatur stehen, verwalten unterschiedliche Stützpunkte und Checkpoints in Rojava. In manchen Straßen weht Assads Konterfei über den Häuserruinen. Die PYD betont, dass es sich bei dem Bündnis mit Assad nur um ein vorläufiges Abkommen handle, um die Sicherheit der Region zu garantieren.[169]

Ein Teil der arabischen und muslimisch-konservativen Bevölkerung lehnt die kurdisch dominierte Selbstverwaltung ab, insbesondere in Raqqa, der ehemaligen selbst erklärten Hauptstadt des IS.[170] Sie hätten in anderen arabischen Städten gezeigt, dass das System der Selbstverwaltung funktioniere, kommentierte der ehemalige Co-Vorsitzende der PYD Salih Muslim hingegen 2017 die Spannungen: »Wir werden es auch in Rakka zeigen (...) Die im Norden von Rakka lebenden arabischen Stämme akzeptieren unser System.«[171]

Spannungen zwischen den Völkern gab es in dieser Region immer, das ist keine neue Entwicklung. In den vergangenen Jahren zielen sie insbesondere auf Verteilungskonflikte um knappe Ressourcen wie Wasser und Öl ab.

Die Türkei hält das Wasser des Flusses Euphrat zurück, der entlang ihrer Grenze zu Rojava verläuft, das ist die Hauptwasserquelle der Region. 2019 haben türkische Truppen die zentrale Wasserpumpstelle in Rojava unter ihre Kontrolle gebracht. Seitdem leidet die Bevölkerung unter ständiger Wasserknappheit und Stromausfällen, die Luft ist schmutzig, die Ernte knapp. Das Essen kaum bezahlbar.[172] Viele Städte liegen noch in Trümmern. Der IS wiederum beginnt sich im Schatten des türkischen Angriffskriegs neu zu organisieren.

Wie lässt sich eine gerechtere Gesellschaft schaffen, wenn die inneren und äußeren Widerstände immer wieder neue Formen von Gewalt und Hass erzeugen? Werden die Unterdrückten dann gezwungenermaßen zu Unterdrücker*innen? Was soll transformative Gerechtigkeit bringen, wenn die Menschen hungern?

Erlaubt die Gegenwart des Krieges mehr als Hass, mehr als Rache?

»Ich denke, dass Rojava auch ein Modell für die Suche nach einer demokratischen Gesellschaft ohne Hass darstellt.«

So antwortet mir eine Bekannte, die in Deutschland geboren und vor etwa zehn Jahren in die kurdischen Gebiete gezogen ist, erst in den Süden, nun nach Rojava. Sie ist in einem Komitee der Frauenbewegung Kongra Star tätig, das die Frauenrevolution international vertritt.

»In den vergangenen 200 Jahren haben Besatzerstaaten uns jegliche Möglichkeit genommen, uns selbst zu verwalten. Sie haben dadurch eine Art Amnesie verursacht. Wir wissen nicht mehr, wie man sich denn selbst verwaltet, auf Eigenkraft und Selbstverteidigung gestützt. Rojava ist ein Prozess, in dem wir das erneut lernen.

Und das ist in keiner Weise einfach.

Genozide und die Gründung unterdrückerischer Nationalstaaten haben ein jahrhundertealtes Verhältnis von Nachbarschaftlichkeit in der Region enorm beschädigt. Wir arbeiten jetzt daran, eine Kultur des demokratischen Nebeneinanders erneut aufzubauen. Dabei muss auch Hass, der von Generation zu Generation weitergegeben worden ist, überwunden werden.

Deshalb ist Rojavas Revolution vor allem eine interne Revolution, die zugleich in unseren Köpfen und Herzen stattfindet. Wir versuchen, uns selbst wiederzufinden, wieder unser Selbst zu werden. Das nennen wir auf Kurmancî ›xwebûn‹.«[173]

Selbst werden
Anders werden

Ich frage meine Bekannte, wie Gerechtigkeit erlangt werden kann. Durch Rache? Sie glaube nicht daran, dass Gerechtigkeit über Rache hergestellt werden könne, antwortet sie.

»Die Denkform ›Wie du mir, so ich dir‹ ist so alt wie der patriarchale Staat selbst. Auch Frauen wurden schon sehr früh in der Geschichte des Patriarchats zu Objekten von Rache gemacht, Männer rächten sich an anderen Männern, indem sie deren Frauen vergewaltigten oder indem die Frauen zur Heirat gezwungen wurden. Rache wird doch meistens verübt, um die Ehre wiederherzustellen. Wenn man sich nicht rächt, ist man ehrenlos.«

Aber, sag, fühlst du keinen Hass? Kein Bedürfnis nach Rache?

»Ich sehe eine Form der Rache als legitim an, und das ist die Rache am ›Feind‹. Also an den Angreifern, konkret an der türkischen Besatzungsarmee und dem IS. Wir befinden uns in einer Kriegssituation. Unser Land ist besetzt, unsere Nächsten werden täglich ermordet, der türkische Staat mordet ungestraft. Das führt zu Wut. Vielleicht auch zu Hass. Viele Menschen haben sich aus diesem Grund unserem Befreiungskampf angeschlossen. Aber nicht, um blind Rache zu üben, sondern sich in einer Form zu rächen, die das eigene Leben verändert und ihm Bedeutung schenkt. Dieses Denken ist in der kurdischen Freiheitsbewegung zentral. Es besagt, dass Wut und Hass gegen den Feind transformiert werden müssen, um so zu einer Quelle von Stärke und Entschlossenheit zu werden.«

Die Frauen von Rojava sagen, dass die Revolution nicht abgeschlossen ist. Dass eine Revolution Ringen, Widersprechen und Reflektieren bedeutet. Ringen, widersprechen, reflektieren, das üben sie seit zehn Jahren. In zehn Jahren haben sie Gerechtigkeits- und Versöhnungskommissionen gegründet. Viele, viele Frauen haben sich scheiden lassen, mögen sie ein erfülltes Leben haben, ich sende ihnen Grüße von meiner Mutter. Mögen sie ein Leben haben, in dem sie nicht immer auf der Hut sein müssen. In zehn Jahren haben die Menschen in Rojava ökologische Arbeits- und Produktionsweisen erprobt, die die Natur nicht ausmerzen sollen wie einen Brunnen, der versiegt.

Zehn Jahre, das ist eine Ewigkeit unter der Bedrohung von Auslöschung und Hunger. Das ist ein Wimpernschlag in der Geschichte einer Gesellschaft, die um eine neue Ordnung und Sprache der Zärtlichkeit ringt.

Auch in zehn Jahren wird es kein Schreiben ohne die Angst, die Gewalt, die Widersprüche und die Sehnsucht geben.

Die Fixierung ist entscheidend
ausdauern
ringen
verhandeln
widersprechen
verstecken
euer Recht
Bomben sprühen
grollen
bellen
Feuerstaub
selbst werden
anders werden
fürsorgen
vorsorgen
vorspüren
erahnen
horchen
weglaufen
die Palmen in Antalya
Rojava bedeutet *Sonnenuntergang*
Daylight in Your Eyes
weiterschreiben
meine Eltern

meine Schläfen
mein Bildschirm
meine Angst
meine Cousins und Cousinen
unser Hass
mein Cursor

Ich habe geschrieben, die Landschaften von Kobanê seien braun befleckt. Doch wenn ich mit Street View reinzoome, sehe ich doch sehr viel Grün.

~

Der Mensch ist in Bewegung hin zur Welt und seinen Mitmenschen. Bewegung der Aggressivität, die Unterjochung oder Eroberung hervorbringt; Bewegung der Liebe, Selbsthingabe, Endpunkt dessen, was gemeinhin ethische Orientierung genannt wird. Jedes Bewusstsein scheint, gleichzeitig oder abwechselnd, diese beiden Komponenten zeigen zu können.[174]

~

Ich denke gerne an das Zimmer mit den Sonnenblumen zurück, ich denke ungern an den Menschen, der ich sein sollte, der ich manchmal noch bin. Ich wünschte, ich hätte meine Mutter nicht mit Hass anschauen müssen. Ich wünschte, ich hätte mir meine Eltern nicht tot wünschen müssen. Ich wünschte, eine der ersten Sprachen, die ich gelernt habe, wäre nicht die der Bestrafung gewesen. Ich wünschte, wir hätten alle Zeit, in Geduld und Zärtlichkeit die Köpfe über allen Puzzles der Welt zusammenzustecken. Die Angst Stück für Stück zu entkernen, die Zärtlichkeit Winkel für Winkel, Satz für Satz, Blick für Blick zu vervollständigen, um sie dann in tausend verheißungsvollen Teilchen wieder über den Tisch zu streuen, als Einladung. Komm, setz dich dazu. Lass die Ohren glühen, die Augen und Hände über das Chaos wandern. Wir haben es uns hier eingerichtet, im Hass und in der Zärtlichkeit, im Grollen und im Kosen, an diesem Ort der Gleichzeitigkeit, in unseren Herzen ranken sich Sonnenblumengirlanden aus Plastik, sie sind miteinander verknotet. Sie blühen und verwelken. Und eines Tages werden wir weiterziehen.

~

Hassssss.

DARK

Dieses Buch hätte ein anderes werden sollen, der Vertrag war bereits signiert. Meine Agentur, mein Verlag und ich hatten uns ursprünglich auf ein anderes Thema geeinigt: *Fluchen und beleidigen, ohne rassistisch, sexistisch, ableistisch und anders diskriminierend zu sein.*

Vor einigen Jahren hatte ich einen gleichnamigen Workshop ins Leben gerufen. Ich dachte: Jeder Mensch muss seinen Unmut kundtun, wenn er wütend ist, Hass oder Zorn fühlt. Warum sollten wir nicht darüber sprechen, wie das gelingen kann, ohne Menschengruppen zu stigmatisieren, die sowieso bereits diskriminiert werden?

Was zu Beginn eher als Scherz gemeint war, wurde ernst. Vereine, Sender und Uni-Gruppen begannen, den Workshop zu buchen. Die Anfragen häuften sich. Ich war verwundert und erfreut zugleich, oder anders formuliert: Ich war jung und brauchte das Geld. Und selbst Senior*innen aus der bayrischen Provinz hatten offenbar das Bedürfnis, zu lernen. Der Workshop verwandelte das Unbehagen, das Menschen empfinden, die sich mit Rassismus und anderen Unterdrückungsformen zu beschäftigen beginnen, in eine heitere und kreative Gruppenarbeit. Genau deswegen ist er mir heute mehr als zuwider.

Doch nicht nur daher rührt mein Unbehagen. Ich bin immer noch der Überzeugung, dass nichts es rechtfertigt, rassifizierte Menschen, Sexarbeitende (und ihre Kinder) oder Menschen mit Behinderung zum Gegenstand und zur flachen Pointe von Beleidigungen und Abwertungen zu machen. Das ist nicht edgy, das ist nicht subversiv, das ist diese kalte Verachtung in neoliberaler Manier. Ich bin immer noch der Überzeugung, dass die Auseinandersetzung mit Flüchen und Beleidigungen viel über unser individuelles wie kollektives Selbstverständnis erzählt, darüber, was gesellschaftlich aufgewertet und was abgewertet gehört. Und wie sich diese Bewertungsmuster unbemerkt in unserer alltäglichen Wahrnehmung und Reaktion auf die Welt festsetzen.

Und gleichzeitig weiß ich, dass diese Gesellschaft keine fundamental gerechtere wird, indem wir einfach aufhören, diese Begriffe zu benutzen. Was schon gar nicht hilft, sind Euphemismen, beschönigende Umschreibungen. Sie finden oftmals dann Anwendung, wenn es beispielsweise um Armut geht. Statt *arme Menschen* heißt es dann *sozial schwache* Menschen. Solche Beschönigungen sind irreführend, falsch. An Armut gibt es nichts zu beschönigen.

Die Frage nach alternativen Flüchen ließ mich in den Workshops immer wieder an meine Grenzen stoßen. Ich plädierte etwa dafür, für nichtmenschenfeindliche Alternativen beim Beleidigen ins Tierreich zu schauen. Denn Tiere, so das Argument, werden ja nicht diskriminiert. Ich will an dieser Stelle tierisches Leid nicht mit menschlichem Leid gleichsetzen, aber konsequent zu Ende gedacht ist das nicht. Denn warum sollte die Ab- und Entwertung von Tieren unbedenklich sein, wenn die transnationale Lebensmittelindustrie auf Massentierhaltung und Massenschlachtungen basiert?

Worauf ich hinaus möchte: Die herrschenden Verhältnisse machen die Welt zu einem faulenden Sumpfland. Im vermoderten Schlamm nach Beleidigungen und Flüchen zu suchen, die gänzlich unbefleckt sind, ist zwecklos. In derart hässlichen Verhältnissen droht jedes Wort korrumpiert zu werden. Das ist nicht das Eingeständnis einer Niederlage. Ich bin Schriftsteller*in, ich werde immer versuchen, Worte aus dem Sumpf zu retten. Aber das erklärt vielleicht, warum ich kein ganzes Buch über das Thema schreiben will.

»Ich will das nicht, ich will das nicht, ich will das nicht«, habe ich einen ganzen Sommer wie eine defekte Schallplatte wiederholt. »Ich hasse die Vorstellung, dieses Buch zu schreiben, ich hasse es, ich hasse, ich hasse es.« Und bei der tausendsten Wiederholung habe ich beschlossen: Ich schreibe über den Hass, oder ich schreibe gar nicht.

Ich danke allen Menschen, die mich in dieser Zeit mit einem offenen Ohr und einem zugewandten Wort in meinem Unbehagen und auch in meinem Hass gestärkt haben.

Danken möchte ich auch:

Elif Küçük, deren Radikalität, Verstand, Güte und Freund*innenschaft für dieses Buch eine große Inspiration waren. Ihre scharfsinnige Kritik schmerzt und ist ein Segen für eine neue Welt, die im Werden ist. Und sie hat mit ihrer Kunst dem Hass ein Cover geschenkt, das so schön wie ein frischer Garten ist.

Ich danke Fatima Khan, Konrad Wolf, Thomas Spies und Yusuf Can Göktürk, die diesen Text mit ihren Gedanken, Anmerkungen, ihren Geschichten, ihren Tränen und ihrem Lachen Satz für Satz bereichert haben. Danke für euer großzügiges Geschenk.

Ich danke meiner Lektorin Nannette Elke, dass sie auch diesmal mit größter Offenheit und Wertschätzung so viel Vertrauen in mich und meinen Text gelegt hat. Ich danke Eva Rittershofen für ihr kluges Lektorat. Und ein herzlicher Dank gilt meiner Agentin Gila Keplin, bei der mein wechselhaftes Unbehagen und ich stets in guten Händen sind.

Ich danke dem VG-Wort-Neustart-Programm für die Förderung dieses Projekts mit einem Stipendium sowie dem Rojava Information Center für seine Unterstützung bei meiner Recherche.

Ich danke meiner Mutter, meiner Schwester, meinen Freund*-innen und anderen Weggefährt*innen für die Wärme und Zärtlichkeit, die mich verlässlich durch das Leben trägt und an dem oftmals endlos scheinenden Sumpfland nicht verzweifeln lässt. Ihr seid mir für immer das Schönste.

ANHANG

Literatur

Arendt, Hannah: Denktagebuch: 1950 bis 1973. Hrsg. v. Ursula Ludz und Ingeborg Nordmann. Band 1. Piper: München 2003.

brown, adrienne maree: We Will Not Cancel Us: And Other Dreams of Transformative Justice. AK Press: Chico 2020.

Camus, Albert: Der Mythos des Sisyphos. Rowohlt Taschenbuch: Reinbek bei Hamburg 2000.

Cansız, Sakine (Sara): Mein ganzes Leben war ein Kampf. Unrast Verlag: Münster 2019.

Czollek, Max & Riedel, Erik & Wenzel Mirjam (Hg.): Rache. Geschichte und Fantasie (dt. Ausgabe): Begleitband zur Ausstellung im Jüdischen Museum Frankfurt. Carl Hanser Verlag: München 2022.

Därmann, Iris: Widerstände. Gewaltenteilung in statu nascendi. Matthes & Seitz, Berlin 2021.

Davis, Angela: Freiheit ist ein ständiger Kampf. Unrast Verlag: Münster 2016.

Davis, Angela, Gina Dent, Erica R. Meiners, Beth E. Richie: Abolition. Feminism. Now. Haymarket Books: Chicago 2022.

Doerfer, Achim: Irgendjemand musste die Täter ja bestrafen: Die Rache der Juden, das Versagen der deutschen Justiz nach 1945 und das Märchen deutsch-jüdischer Versöhnung. Kiepenheuer & Witsch: Köln 2021.

Dean, Jodi: Genossen! Klaus Wagenbach: Berlin 2020.

Dorlin, Elsa: Selbstverteidigung. Eine Philosophie der Gewalt. Suhrkamp: Berlin 2020.

Eco, Umberto (Hg.): Die Geschichte der Hässlichkeit. Carl Hanser Verlag: München 2007.

Emcke, Carolin: Gegen den Hass. S. Fischer Verlag: Frankfurt a. M. 2016.

Fanon, Frantz: Schwarze Haut, weiße Masken. Turia + Kant, New Edition: Wien 2020.

Fanon, Frantz: Die Verdammten dieser Erde. Suhrkamp: Frankfurt a. M. 1981.

Fromm, Erich: Die Antwort der Liebe. Herder Verlag: Freiburg im Breisgau 2003.

Gorki, Maxim: Drei Menschen. Deutscher Taschenbuchverlag: München 2007.

Hassan, Yahya: Gedichte. Ullstein: Berlin 2014.

Harmange, Pauline: Ich hasse Männer. Rowohlt: Hamburg 2020.

Hazlitt, William: Über das Vergnügen zu hassen und andere Essays. Reclam: Stuttgart 2017.

Herausgeber_innenkollektiv des Andrea Wolf Instituts: Wir wissen, was wir wollen. Frauenrevolution in Nord- und Ostsyrien. Widerstand und gelebte Utopien Band I & II. edition assemblage: Münster 2020.

James, C. L. R.: The Black Jacobins. Toussaint L'Ouverture And The San Domingo Revolution. Vintage Books: New York 1989 (in deutscher Übersetzung: Die schwarzen Jakobiner: Toussaint Louverture und die Haitianische Revolution. Verlag J. H. W. Dietz Nachf.: Bonn 2021).

Keller, Brigit: Sehnarben. eFeF-Verlag: Bern / Wettingen 2011.

LASTESIS: Verbrennt eure Angst. S. Fischer Verlag: Frankfurt a. M. 2021.

Loick, Daniel & Thompson, Vanessa E. (Hg.): Abolitionismus. Ein Reader. Suhrkamp: Berlin 2022 (suhrkamp taschenbuch wissenschaft).

Machado, Carmen Maria: In The Dream House. Gray Wolf Press: Minneapolis 2019 (in deutscher Übersetzung: Das Archiv der Träume. Tropen: Stuttgart 2021).

Mbembe, Achille: Kritik der schwarzen Vernunft. Suhrkamp: Berlin 2017.

Mbembe, Achille: Politik der Feindschaft. Suhrkamp: Berlin 2017.

Morrison, Toni: The Bluest Eye, Chatto & Windus: New York 1979 (in deutscher Übersetzung: Sehr blaue Augen. Rowohlt: Reinbek bei Hamburg 1979).

Purnell, Derecka: Becoming Abolitionists. Police, Protest and the Pursuit of Freedom. Astra House: New York 2021.

Segato, Rita Laura: Wider die Grausamkeit: Für einen feministischen und dekolonialen Weg. Mandelbaum Verlag: Wien 2021 (kritik & utopie).

Sontag, Susan: »Über Schönheit«, in: Standpunkt beziehen. Fünf Essays, Reclam: Stuttgart 2016.

Tlusty, Ann-Kristin: Süß. Eine feministische Kritik, Carl Hanser Verlag: München 2021.

Zehr, Howard: The Little Book of Restorative Justice. The Little Book of Restorative Justice, Good Books: New York 2002.

Zepter, Nicole: Kunst hassen. Eine enttäuschte Liebe. Tropen Verlag: Stuttgart 2019.

Filme

Balló, Tània: Mord an der Costa del Sol (2019)

Fennell, Emerald: Promising Young Woman (2020)

Seden, Osman F.: Nefret (1984)

Şoray, Türkân: Dönüş (1972)

Serien

Saylak, Onur: Şahsiyet (in deutscher Übersetzung: Ein guter Mensch) (2018)

Dekker, Simon & Sole Walko, Diana: Catching Killers. Männerjagd: Aileen Wuornos, Staffel 1, Folge 2 Netflix (2021)

Anmerkungen

1 LASTESIS, *Verbrennt eure Angst*, S. Fischer Verlag: Frankfurt a. M. 2021, S. 11

2 »Politische Gefühle – Das Gewaltpotenzial der Verachtung wird unterschätzt«: Hilge Landweer im Gespräch in der Sendung *Sein und Streit* in Deutschlandfunk Kultur, Sendung vom 07. 03. 2022, https://www.deutschlandfunkkultur.de/politische-gefuehle-das-gewaltpotenzial-der-verachtung-wird-100.html, zuletzt aufgerufen am 09. 08. 2022

3 Ebd.

4 Aristoteles: *Rhetorik*, übersetzt und herausgegeben von Gernot Krapinger, Reclam 2019, S. 44

5 Ebd. S. 79 f.

6 Ebd. S. 82

7 Bibel in gerechter Sprache, 1. Auflage der Taschenausgabe der 4. erweiterten und verbesserten Auflage, Gütersloher Verlagshaus 2011, S. 1586 f.

8 Hilge Landweer und Ursula Renz: »Zur Geschichte philosophischer Emotionstheorien«, Zurich Open Repository and Archive, University of Zurich 2008, S. 9, https://www.zora.uzh.ch/id/eprint/6991/1/Renz_Landweer-Zur_Geschichte_philosophischer_Emotionstheorien.pdf, DOI: https://doi.org/10.1515/9783110212198.1, zuletzt aufgerufen am 09. 08. 2022

9 William Hazlitt: *Über das Vergnügen zu hassen*. Aus dem Englischen übersetzt und kommentiert von Holger Hanowell. Reclam: Stuttgart 2017, S. 7

10 Georg Wilhelm Friedrich Hegel: *Phänomenologie des Geistes*, in: ders., Werke in zwanzig Bänden, Bd. 3, Ullstein: Frankfurt a. M. 1970, S. 507 f.

11 Achille Mbembe: *Kritik der Schwarzen Vernunft*, übersetzt von Michael Bischoff, Suhrkamp Verlag: Berlin 2017, S. 82

12 Bei der Formulierung »Politik des Hasses« beziehe ich mich auf Frantz Fanon, der ihn in seinem Werk *Die Verdammten dieser Erde* gebrauchte, um Gewalt- und Demütigungsrituale der Kolonisator*innen zu beschreiben.

13 Frantz Fanon: *Schwarze Haut, weiße Masken*, übersetzt von Eva Moldenhauer, Turia + Kant, New Edition: Wien 2020, S. 93

14 Ebd. S. 98 f.

15 Ebd. S. 194

16 Elsa Dorlin: *Selbstverteidigung – Eine Philosophie der Gewalt*, übersetzt von Andrea Hemminger, Suhrkamp: Berlin 2020, S. 222

17 Ann-Kristin Tlusty: *Süß. Eine feministische Kritik*, Carl Hanser Verlag: München 2021, S. 30

18 Ebd. S. 49

19 *Selbstverteidigung*, S. 222

20 *Rhetorik*, S. 85

21 *Selbstverteidigung*, S. 17

22 Ebd. S. 18

23 Matthias Monroy: »Website sammelt tödliche Polizeischüsse«, in: *Bürgerrechte & Polizei / CILIP. »Polizeirecht – Entgrenzung und Protest« (Heft 127), 12.21*, https://netzpolitik.org/2021/datenvisualisierung-website-sammelt-toedliche-polizeischuesse/, zuletzt aufgerufen am 14. 03. 2022

24 https://news.rub.de/presseinformationen/wissenschaft/2019-09-17-kriminologie-zwischenbericht-im-forschungsprojekt-zu-rechtswidriger-polizeigewalt, zuletzt aufgerufen am 14. 03. 2022

25 Carolin Emcke: *Gegen den Hass*, S. Fischer Verlag: Frankfurt a. M. 2016, S. 12 u. 17 f.

26 Ebd. S. 188

27 Frei nach dem Slogan der Zapatistas: »Ein Nein, viele Jas.«

28 Maxim Gorki: *Drei Menschen*, Berliner Ausgabe, herausgegeben von Michael Holziner, übersetzt von August Scholz, 2016, S. 43

29 Ebd. S. 90

30 Albert Camus: *Der Mythos des Sisyphos*, Rowohlt: Hamburg 2000, S. 142

31 Ebd. S. 67

32 Ebd. S. 144

33 Iris Därmann: *Widerstände. Gewaltenteilung in statu nascendi*, Matthes & Seitz, Berlin 2021, S. 84; zitiert nach Yehuda Bauer: *Die dunkle Seite der Geschichte. Die Shoah aus historischer Sicht. Interpretationen und Re-Interpretationen*, Frankfurt a. M. 2001, S. 153–181

34 Iris Därmann: *Widerstände*, S. 171, zitiert nach Antje Yahel Deusel, *Amida*, in: *Lexikon Bibelwissenschaft*. https://www.bibelwissenschaft.de/fileadmin/buh_bibelmodul/media/wibi/pdf/Amida__2017-10-10_12_01.pdf, zuletzt aufgerufen am 25.08.2022

35 Vgl. ebenso Achim Doerfer: *Irgendjemand musste die Täter ja bestrafen: Die Rache der Juden, das Versagen der deutschen Justiz nach 1945 und das Märchen deutsch-jüdischer Versöhnung*, Kiepenheuer & Witsch: Köln 2021, S. 58

36 Ebd.

37 Frantz Fanon: *Die Verdammten dieser Erde*, übersetzt von Traugott König, Suhrkamp: Frankfurt a. M. 1981, S. 44

38 *Selbstverteidigung*, S. 222

39 Ebd.

40 Vgl. *Widerstände*, S. 22

41 *Widerstände*, S. 12

42 *Selbstverteidigung*, S. 164

43 Ebd.

44 Gedenkstätte Deutscher Widerstand: Marianne Baum, https://www.gdw-berlin.de/vertiefung/biografien/personenverzeichnis/biografie/view-bio/marianne-baum/?no_cache=1, zuletzt aufgerufen am 10.11.2022

45 Achim Doerfer: *Irgendjemand musste die Täter ja bestrafen*, Kiepenheuer & Witsch: Köln 2021, S. 27

46 Jens Hoppe: »Historische Hintergründe zur nationalsozialistischen Judenverfolgung in Polen«, in: Zentralwohlfahrtsstelle der Juden in Deutschland e. V. (Hg.), Gebrochene Identitäten – Auswirkungen traumatischer Erfahrungen auf Child Survivors, Kongressbeiträge 4.–7.11.2012, S. 30, i. F. Zentralwohlfahrtsstelle der Juden in Deutschland e. V. 2012; zitiert nach Achim Doerfer: *Irgendjemand musste die Täter ja bestrafen*, S. 56

47 Vgl. Laura Jockusch: *Zu viel oder zu wenig? Jüdische Rache nach dem Holocaust*, in: *Rache. Geschichte und Fantasie*, herausgegeben von Max Czollek, Erik Riedel und Mirjam Wenzel, (dt. Ausgabe: Begleitband zur Ausstellung im Jüdischen Museum Frankfurt, Carl Hanser Verlag: München 2022), S. 116

48 *Die Verdammten dieser Erde*, S. 44

49 Ebd. S. 59 f.

50 *Widerstände*, S. 86

51 Oliver Vrankovic: »Tod eines jüdischen Helden«. In: *Jüdische Rundschau*,

11. 01. 2019, http://alt.juedischerundschau.de/tod-eines-juedischen-helden-135911295, zuletzt aufgerufen am 11. 10. 2022

52 *Die Verdammten dieser Erde*, S. 31

53 Ich respektiere an dieser Stelle eine Intervention der Organisation Sinti und Roma Pride vom 31. 08. 2022 und gendere die Bezeichnungen nicht mit dem Gendersternchen. In dieser auf Instagram veröffentlichten Erklärung heißt es: »Sinti ist die neutrale Pluralform wir sprechen voneinander als Sinti egal ob es um Männer Frauen oder Diverse geht [sic!] Sintizze ist eine Wortneuschöpfung die es so auf Romanes nicht gibt [sic!].« https://www.instagram.com/p/Ch6wMbmsWa2/?igshid=YmMyMTA2M2Y%3D&__coig_restricted=1, zuletzt aufgerufen am 01. 09. 2022

54 Zentralrat Deutscher Sinti und Roma: »Erinnerungsarbeit«, https://zentralrat.sintiundroma.de/arbeitsbereiche/erinnerungsarbeit/, zuletzt aufgerufen am 11. 10. 2022

55 Gernot Jochheim: »Sinti und Roma«, Beitrag vom 07. 01. 2017, Bundeszentrale für politische Bildung, https://www.bpb.de/shop/zeitschriften/izpb/info-aktuell/239954/sinti-und-roma/, zuletzt aufgerufen am 02. 09. 2022

56 Anna Fries: »Was genau vor 75 Jahren geschah, ist unklar«, Bericht vom 16. 05. 2019, https://www.domradio.de/artikel/vergeblicher-widerstand-von-sinti-und-roma-auschwitz, zuletzt aufgerufen am 14. 09. 2022

57 https://www.roma-center.de/die-lowen-brigade-widerstand-von-roma-und-sinti-gegen-den-italienischen-faschismus/, zuletzt aufgerufen am 14. 09. 2022

58 Vgl. Friedrich Engels: *Die Lage der arbeitenden Klasse in England*, Otto Wiegand: Leipzig 1845, S. 219

59 *In the Dream House*, S. 46

60 Toni Morrison: *The Bluest Eye*, Chatto & Windus: New York 1979, S. 21, übersetzt von Şeyda Kurt

61 Susan Sonntag: »Über Schönheit«, in: *Standpunkt beziehen. Fünf Essays*, Reclam: Stuttgart 2016, S. 27

62 Umberto Eco: *Die Geschichte der Hässlichkeit*, Carl Hanser Verlag: München 2007, S. 30

63 Moshtari Hilal: »Kommt auf die andere Seite der Scham!«, Die Neue Situation, September 2020: https://www.dieneuesituation.de/artikel/10711-kommt-auf-die-andere-seite-der-scham, zuletzt aufgerufen am 24. 08. 2022

64 Vgl. »Shoah und Antisemitismus: Wandel des Judenbildes«, Bundeszentrale für politische Bildung, 11. 04. 2005: https://www.bpb.de/themen/national

sozialismus-zweiter-weltkrieg/dossier-nationalsozialismus/39556/shoa-und-antisemitismus/#node-content-title-4, zuletzt aufgerufen am 24. 08. 2022

65 *Widerstände*, S. 23

66 *Schwarze Haut, weiße Masken*, S. 97

67 *Über Schönheit*, S. 27

68 Ebd. S. 25

69 Nicole Zepter: *Kunst hassen. Eine enttäuschte Liebe*, Tropen Verlag: Stuttgart 2019, S. 15

70 Ebd.

71 Ebd. S. 26

72 *Über Schönheit*, S. 31

73 Eva Sierminska: »Does it pay to be beautiful?«, IZA World of Labor, Juni 2015, https://wol.iza.org/articles/does-it-pay-to-be-beautiful, zuletzt aufgerufen am 27. 10. 2022

74 Moshtari Hilal: »Kommt auf die andere Seite der Scham!« Die Neue Situation, September 2020: https://www.dieneuesituation.de/artikel/10711-kommt-auf-die-andere-seite-der-scham, zuletzt aufgerufen am 24. 08. 2022

75 Vgl. Karl Marx: »Ökonomisch-philosophische Manuskripte aus dem Jahre 1844«. In: MEW Bd. 40, S. 565–567

76 *Über Schönheit*, S. 24

77 *Drei Menschen*, S. 127

78 Achille Mbembe: *Politik der Feindschaft*, übersetzt von Michael Bischoff, Suhrkamp: Berlin 2017, S. 35; vgl. nach Norbert Elias: *Die höfische Gesellschaft*. Neuwied 1969; ders., *Über den Prozeß der Zivilisation*, 2 Bde., Frankfurt a. M. 1976

79 Vgl. ebd.

80 *Die Verdammten dieser Erde*, S. 31

81 *Politik der Feindschaft*, S. 36

82 Erich Fromm: *Die Antwort der Liebe*, Herder Verlag: Freiburg im Breisgau 2003, S. 91

83 Ebd. S. 92

84 Ebd. S. 96

85 Yossi Bartal: »Folgt der Spur des Geldes«, *der freitag*, Ausgabe 10/21, https://

www.freitag.de/autoren/der-freitag/folgt-der-spur-des-geldes, zuletzt aufgerufen am 14.09.2022

86 Sakine Cansiz, *Mein ganzes Leben war ein Kampf – 1. Band, Jugendjahre* (Edition Mezopotamya), Unrast Verlag: Münster 2019, S. 138

87 Michael Ramminger: »Warum verlangen sie von uns, bis in den Tod friedlich zu bleiben?«, https://www.itpol.de/warum-verlangen-sie-von-uns-bis-in-den-tod-friedlich-zu-bleiben/, zuletzt aufgerufen am 14.09.2022

88 Mat Youkee: »›We are hostages‹: indigenous Mapuche accuse Chile and Argentina of genocide«, *The Guardian*, 12.04.2019, https://www.theguardian.com/world/2019/apr/12/indigenous-mapuche-accuse-chile-brazil-genocide, zuletzt aufgerufen am 14.09.2022, übersetzt von Şeyda Kurt

89 Gerard O'Connel: »In the land of the Mapuche, Pope Francis calls on indigenous peoples to say ›no‹ to violence«, 17.01.2018, https://www.americamagazine.org/faith/2018/01/17/land-mapuche-pope-francis-calls-indigenous-peoples-say-no-violence, zuletzt aufgerufen am 14.09.2022

90 AFP: »Deutschland stimmt Waffenverkauf zu«, Bericht vom 21.01.1997, https://taz.de/!1418227/, zuletzt aufgerufen am 14.09.2022

91 terre des hommes: »Alle 14 Minuten stirbt ein Mensch durch eine deutsche Waffe«, Bericht vom 07.08.2017, https://www.tdh.de/public-relations/pressemitteilungen/detaildarstellung/alle-14-minuten-stirbt-ein-mensch-durch-eine-deutsche-waffe/, zuletzt aufgerufen am 14.09.2022

92 *Cumhuriyet*: Cumartesi Anneleri 678. Hafta… »Hasan Ocak'ın katilleri yargılansın«, Bericht vom 24.03.2018, https://www.cumhuriyet.com.tr/haber/cumartesi-anneleri-678-hafta-hasan-ocakin-katilleri-yargilansin-947906, zuletzt aufgerufen am 14.09.2022, übersetzt von Şeyda Kurt

93 »Erinnerung an Luisa Toledo Sepúlveda: Die Mutter der kämpferischen Jugend«, CrimethInc., Bericht vom 09.07.2022, https://de.crimethinc.com/2021/07/09/in-erinnerung-an-luisa-toledo-sepulveda-die-mutter-der-kampferischen-jugend-ein-nachruf-und-ein-bericht-aus-chile, zuletzt aufgerufen am 14.09.2022

94 *Drei Menschen*, S. 166

95 Vgl. *Kritik der Schwarzen Vernunft*, S. 170

96 »Philosophie der Rache: Die verdrängte Seite der Moderne«, Fabian Bernhardt im Gespräch mit Stephanie Rohde in der Sendung *Sein und Streit* in Deutschlandfunk Kultur, Sendung vom 18.07.2021: https://www.deutschlandfunkkultur.de/philosophie-der-rache-die-verdraengte-seite-der-moderne-100.html, zuletzt aufgerufen am 26.08.2022

97 Vgl. Erik Riedel und Mirjam Wenzel: »Interventionen in den Lauf der Dinge. Einführung in die Ausstellung ›Rache. Geschichte und Fantasie‹«, Frankfurt a. M., 17. Oktober 2021, in: *Rache. Geschichte und Fantasie*, herausgegeben von Max Czollek, Erik Riedel und Mirjam Wenzel (dt. Ausgabe), Begleitband zur Ausstellung im Jüdischen Museum Frankfurt, Carl Hanser Verlag: München 2022, S. 16 f.

98 Vgl. *Irgendjemand musste die Täter ja bestrafen*, S. 265

99 Vgl. Julian-Chaim Soussan: »In der Tat, wo Rache notwendig ist, ist sie eine großartige Sache«, in: *Rache. Geschichte und Fantasie*, herausgegeben von Max Czollek, Erik Riedel und Mirjam Wenzel (dt. Ausgabe), Begleitband zur Ausstellung im Jüdischen Museum Frankfurt, Carl Hanser Verlag: München 2022, S. 47

100 Vgl. Admiel Kosman: »Rache in Tanach, Mischna und Talmud. Eine kurze Einführung«, in: *Rache. Geschichte und Fantasie*, herausgegeben von Max Czollek, Erik Riedel und Mirjam Wenzel (dt. Ausgabe), Begleitband zur Ausstellung im Jüdischen Museum Frankfurt, Carl Hanser Verlag: München 2022, S. 40

101 Max Czollek: »Inglourious Jews. Rache als Topos jüdischer Selbstermächtigung«, in: *Rache. Geschichte und Fantasie*, herausgegeben von Max Czollek, Erik Riedel und Mirjam Wenzel (dt. Ausgabe), Begleitband zur Ausstellung im Jüdischen Museum Frankfurt, Carl Hanser Verlag: München 2022, S. 26

102 »Philosophie der Rache: Die verdrängte Seite der Moderne«, Fabian Bernhardt im Gespräch mit Stephanie Rohde in der Sendung *Sein und Streit* in Deutschlandfunk Kultur, Sendung von 18. 07. 2021: https://www.deutschlandfunkkultur.de/philosophie-der-rache-die-verdraengte-seite-der-moderne-100.html, zuletzt aufgerufen am 26. 08. 2022

103 Vgl. Tag24: Blutige Rache im Nachtclub: Clan-Mitglieder sollen »Verräter« die Hand aufgeschlitzt haben, Artikel vom 09. 03. 2022: https://www.tag24.de/justiz/clankriminalitaet/blutige-rache-clan-mitglieder-sollen-verraeter-die-hand-aufgeschlitzt-haben-1871907, zuletzt aufgerufen am 26. 08. 2022

104 RND/dpa: Wieder Überfall mit Machete und Baseballschläger: Racheakt von Clan?, Artikel vom 04. 10. 2021: https://www.rnd.de/panorama/wieder-ueberfall-mit-machete-und-baseballschlaeger-racheakt-von-clan-VCMHU3UWZ327C6SLDMQ4O27LWA.html, zuletzt aufgerufen am 26. 08. 2022

105 Jörg Bergmann, Katharina Metag und Michael Behrendt: »Messerstecher (38) von Ismail Remmo spricht in Bild«, Artikel vom 15. 07. 2022: https://www.bild.de/bild-plus/regional/berlin/berlin-aktuell/nach-attacke-auf-remmo-spross-messerstecher-hat-angst-vor-clan-rache-80702970.bild.html, zuletzt aufgerufen am 26. 08. 2022

106 Alexander Schmalz: »Racheakt im Clanmilieu? Schläger stürmen mit Macheten

Backshop in Berlin«, Artikel vom 04. 10. 2021: https://www.berliner-zeitung.de/news/polizeibericht-berlin/mit-macheten-schlaegertrupp-stuermt-backshop-in-neukoelln-und-verletzt-zwei-maenner-li.186776, zuletzt aufgerufen am 26. 08. 2022

107 »Philosophie der Rache: Die verdrängte Seite der Moderne«, Fabian Bernhardt im Gespräch mit Stephanie Rohde in der Sendung *Sein und Streit* in Deutschlandfunk Kultur, Sendung vom 18. 07. 2021: https://www.deutschlandfunkkultur.de/philosophie-der-rache-die-verdraengte-seite-der-moderne-100.html, zuletzt aufgerufen am 26. 08. 2022

108 Ebd.

109 Bundesverband ehrenamtlicher Richterinnen und Richter e. V.: Aktionsprogramm, https://web.archive.org/web/20141016020016/http://www.schoeffen.de/aktionsprogramm.html, zuletzt aufgerufen am 27. 08. 2022

110 Justizportal Nordrhein-Westfalen: Das Schöffenamt, Stand 2020, http://www.justiz.nrw.de/Gerichte_Behoerden/ordentliche_gerichte/Strafgericht/verfahren/Verfahrensbeteiligte/schoeffe/index.php#5, zuletzt aufgerufen am 27. 08. 2022

111 Henry Bernhard: Thüringen auf der Suche nach neuen Laienrichtern, Deutschlandfunk, Bericht vom 07. 03. 2018, https://www.deutschlandfunk.de/schoeffenmangel-thueringen-auf-der-suche-nach-neuen-100.html, zuletzt aufgerufen am 27. 08. 2022

112 Wolfgang Janisch: »Wie sich Gerichte gegen rechte Schöffen wehren können«, *Süddeutsche Zeitung*, Bericht vom 27. 01. 2020, https://www.sueddeutsche.de/politik/schoeffen-rechte-gerichte-1.4773760, zuletzt aufgerufen am 27. 08. 2022

113 *Die Verdammten dieser Erde*, S. 42

114 C. L. R. James: *The Black Jacobins. Toussaint L'Ouverture And The San Domingo Revolution*, 2. überarbeitete Auflage, Vintage Books: New York 1989, S. 88, übersetzt von Şeyda Kurt

115 Ebd.

116 Ebd.

117 Walter-Zwi Bacharach (Hg.): *Dies sind meine letzten Worte …: Briefe aus der Shoah*. Wallstein: Göttingen 2006, S. 258. Aus dem Hebräischen von Maurice Tszorf / Zitiert nach Laura Jockusch: »Zu viel oder zu wenig? Jüdische Rache nach dem Holocaust«, in: *Rache. Geschichte und Fantasie*, herausgegeben von Max Czollek, Erik Riedel und Mirjam Wenzel, (dt. Ausgabe: Begleitband zur Ausstellung im Jüdischen Museum Frankfurt, Carl Hanser Verlag: München 2022, S. 116)

118 *Irgendjemand musste die Täter ja bestrafen*: S. 39 / Juden – Räche dein Volk, *Der Spiegel* 52/1968, S. 110, unter Berufung auf Michael Bar-Zohar, Les Vengeurs

119 Vgl. Max Czollek: »Inglourious Jews. Rache als Topos jüdischer Selbstermächtigung«, in: *Rache. Geschichte und Fantasie*, Hrsg. Max Czollek, Erik Riedel und Mirjam Wenzel (dt. Ausgabe), Begleitband zur Ausstellung im Jüdischen Museum Frankfurt, Carl Hanser Verlag: München 2022, S. 27

120 Vgl. Achim Doerfer, S. 189

121 Vgl. Bennet Groen: »Lange überhaupt kein Thema«, Interview mit Christine Glauning vom 21. 05. 2020 in der *taz. die tageszeitung*, https://taz.de/Expertin-ueber-NS-Zwangsarbeit/!5687302/, zuletzt aufgerufen am 04. 09. 2022

122 Achim Doerfer, S. 80

123 Laura Jockusch: »Zu viel oder zu wenig? Jüdische Rache nach dem Holocaust«, in: *Rache. Geschichte und Fantasie*, Hrsg. Max Czollek, Erik Riedel und Mirjam Wenzel, (dt. Ausgabe: Begleitband zur Ausstellung im Jüdischen Museum Frankfurt, Carl Hanser Verlag: München 2022, S. 120

124 Theresa Weiss: »Eine Geschichte der Vergeltung«, Bericht vom 18. 03. 2022, *Frankfurter Allgemeine Zeitung*, https://www.faz.net/aktuell/rhein-main/frankfurt/juedisches-museum-frankfurt-die-neue-ausstellung-rache-17885927.html, zuletzt aufgerufen am 04. 09. 2022

125 https://oe1.orf.at/artikel/643678/Selbstjustiz-nach-dem-Krieg-Chaim-Miller-erzaehlt, zuletzt aufgerufen am 15. 05. 2022

126 Vgl. S. 41 / nach Rich Cohen: *The Avengers*, 2001, S. 192, 200, i. F. Cohen 2001

127 Hannah Arendt: *Denktagebuch: 1950 bis 1973*. Hrsg. v. Ursula Ludz und Ingeborg Nordmann. Band 1. Piper, München 2003, S. 3

128 *Drei Menschen*, S. 235

129 »Philosophie der Rache: Die verdrängte Seite der Moderne«, Fabian Bernhardt im Gespräch mit Stephanie Rohde in der Sendung *Sein und Streit* in Deutschlandfunk Kultur, Sendung von 18. 07. 2021: https://www.deutschlandfunkkultur.de/philosophie-der-rache-die-verdraengte-seite-der-moderne-100.html, zuletzt aufgerufen am 27. 08. 2022

130 *Selbstverteidigung*, S. 195

131 Ebd. S. 197

132 C. L. R. James: *The Black Jacobins. Tousssaint L'Ouverture And The San Domingo Revolution*, S. 89, übersetzt von Şeyda Kurt

133 Ebd.

134 Ebd.

135 Pauline Harmange: *Ich hasse Männer*, Rowohlt Taschenbuch: Hamburg 2020, S. 14

136 Ann-Kristin Tlusty: *Süß. Eine feministische Kritik*, Carl Hanser Verlag: München 2021

137 *Ich hasse Männer*, S. 93

138 Jodi Dean: *Genossen!*, übersetzt von Andreas G. Förster, Klaus Wagenbach: Berlin 2020, S. 23 f.

139 Ebd.

140 Lastesis: *Verbrennt eure Angst*, S. Fischer: Frankfurt a. M. 2021, S. 35

141 Rita Laura Segato: *Wider die Grausamkeit. Für einen feministischen und dekolonialen Weg*, Mandelbaum Verlag: Wien 2021, S. 21

142 *Verbrennt eure Angst*, S. 43

143 *Verbrennt eure Angst*, S. 48

144 *Genossen!*, S. 9

145 Ebd.

146 *Selbstverteidigung*, S. 190

147 *Drei Menschen*, S. 308

148 adrienne maree brown: *We Will Not Cancel Us: And Other Dreams Of Transformative Justice*, Emergent Strategy 3, AK Press: Chico 2020, S. 40, übersetzt von Şeyda Kurt

149 Ebd. S. 42

150 Ebd. S. 62

151 *Politik der Feindschaft*, S. 10

152 Simon Sales Prado: »Die Polizei ist Schutz und Gefahr«, Interview mit Vanessa E. Thompson vom 07. 07. 2020, https://taz.de/Soziologin-ueber-Polizei-und-Rassismus/!5693858/, zuletzt aufgerufen am 05. 09. 2022

153 Vgl. Vanessa E. Thompson: »Von Black Lives Matter zur Abolitionismus«, Artikel vom 25. 05. 2022, https://www.akweb.de/bewegung/black-lives-matter-abolitionismus-schwarze-bewegung-protest-marxismus-george-floyd/, zuletzt aufgerufen am 05. 09. 2022

154 Ebd.

155 Angela Y. Davis: *Freiheit ist ein ständiger Kampf*, Unrast Verlag: Münster 2016, S. 19

156 Vgl. S. 36

157 Angela Y. Davis, Gina Dent, Erica R. Meiners & Beth E. Richie: *Abolition. Feminism. Now.* (The Abolitionist Papers Series), Haymarket Books: Chicago 2022

158 Derecka Purnell: *Becoming Abolitionist: Police, Protests and the Pursuit of Freedom*, Astra House 2021, S. 271, übersetzt von Şeyda Kurt

159 Vgl. Howard Zehr: *The Little Book of Restorative Justice*, Good Books: New York 2002, S. 14, übersetzt von Şeyda Kurt

160 *We will not cancel us*, S. 44, übersetzt von Şeyda Kurt

161 Vgl. *Wider die Grausamkeit*, S. 17

162 S. 15

163 Ebd.

164 *Verbrennt eure Angst*, S. 141 f.

165 Vgl. *Wir wissen, was wir wollen – Frauenrevolution in Nord- und Ostsyrien, Widerstand und gelebte Utopien*, Band II, Herausgeber*innenkollektiv des Andrea Wolf Instituts, edition assemblage: Münster 2020

166 Vgl. ebd. S. 246

167 Vgl. ebd. S. 239

168 Peter Schaber, Thomas von der Osten-Sacken: »Rojava – eine realisierte Utopie? Pro & Contra« vom 21. 03. 2018, https://taz.de/Pro--Contra-Deutsche-Linke-und-Kurden/!5490064/, zuletzt aufgerufen am 16. 05. 2022

169 Erk Acarer: »Die Türkei und Syrien werden aufeinandertreffen«, Interview mit Salih Muslim vom 17. 10. 2019, https://taz.de/PYD-Sprecher-Salih-Muslim-im-Interview/!5634413/, zuletzt aufgerufen am 16. 05. 2022

170 Vgl. ebd.

171 Erk Acarer: »Erdoğan hat nie gegen den IS gekämpft«, Interview mit Salih Muslim vom 27. 04. 2017, https://taz.de/Interview-mit-PYD-Chef/!5405012/, zuletzt aufgerufen am 16. 05. 2022

172 Vgl. Kristin Helberg: »Die IS-Bezwinger und ihr zerbrechlicher Traum von der Eigenständigkeit«, Bericht vom 01. 01. 2022, https://www.spiegel.de/ausland/kurden-in-syrien-die-is-bezwinger-und-ihr-traum-von-der-eigenstaendigkeit-a-fe4708df-62c4-40bf-9ce6-fff9f655ee0e, zuletzt aufgerufen am 02. 05. 2022

173 Kurmancî ist ein Dialekt der kurdischen Sprache.

174 *Schwarze Haut, weiße Masken*, S. 37